종교개혁500주년기념

순례자들의 영성을 위한

그 길의 의미를 묻다

예수, 루터 그리고 문준경의 길

김진산 박찬희 강신덕

도서출판 TOBIA

순례자들의 영성을 위한
그 길의 의미를 묻다
예수, 루터 그리고 문준경의 길

1판 1쇄: 2017년 8월 14일
지은이들: 김진산, 박찬희, 강신덕
펴 낸 이: 오세동
펴 낸 곳: 도서출판 토비아
등   록: 426-93-00242
주   소: 04041) 서울특별시 마포구 와우산로 73(홍익빌딩 4층)
          T 02-738-2082 F 02-738-2083
I S B N: 979-11-961053-1-0

책값은 뒷 표지에 있습니다. 무단 전제와 복제를 금합니다.

종교개혁500주년기념

순례자들의 영성을 위한

그 길의 의미를 묻다

예수, 루터 그리고 문준경의 길

김진산 박찬희 강신덕

도서출판사 TOBIA

책 읽는 순서

머릿글/그 길의 의미를 묻다 / 4

예수의 길 김진산

광야의 길: 베들레헴에서 애굽으로 / 32
긍휼의 길: 나사렛에서 요단강으로 / 45
확신의 길: 요단강에서 갈릴리로 / 61
생명의 길: 갈릴리에서 예루살렘으로 / 77
희망의 길: 예루살렘에서 우리에게 / 96

지도1: 예수님이 걸으신 길 / 108

루터의 길 박찬희

소명의 길: 아이제나흐에서 비텐베르크까지 / 110
신념의 길: 비텐베르크와 보름스, 그리고 바르트부르크까지 / 122

투쟁의 길: 하이델베르크, 아우구스부르크 그리고 보름스 / 134

개혁가, 그 내면의 길: 비텐베르크, 바르트부르크 / 145

동역자와 걷는 길: 비텐베르크 / 159

지도2: 루터가 걸은 길 / 176

문준경의 길 강신덕

소명의 길: 증도에서 북교동교회로 / 178

사명의 길: 경성신학교에서 임자진리교회로 / 194

선교의 길: 증동리교회에서 대초리교회로 / 206

신실한 길: 대초리교회에서 신안의 섬들로 / 220

헌신의 길: 솔등에서 순교기념관으로 / 234

지도3: 문준경이 걸은 길 / 247

머릿글
그 길의 의미를 묻다

그 길 위에 서다

8월 21일 새벽, 상쾌한 공기가 느껴지는 고지대 예루살렘은 도시의 역사적 분요함과 정치 종교적 난해함을 잊은 듯 조용하다. 자신들의 해결할 수 없는 주장을 그 이른 아침에까지 떠들어 대고 싶은 마음은 없어 보인다. 그 사이 감람산 넘어 동쪽 하늘은 소란스러운 도시 예루살렘이 이 하루만큼은 하나님의 평화의 도시로서 제 역할을 감당해 주기를 소망하며 서서히 밝아 오고 있다.

조용한 예루살렘 한쪽 한적한 골목에 일단의 사람들이 모여들었다. 옛 안토니 요새라 불리던 장소의 벽이 조금 남아 있다는 곳이다. 잠시 웅성거리던 그들은 곧 행렬을 맞추어 골목길을 걷기 시작했다. 사람들은 오래되어 번들거리는 박석 길을 조용히 걸었다. 여인들 가운데 몇몇은 뺨에 흐르는 눈물을 닦고 있었다. 첫 번 모퉁이에 도착한 일행은 조용히 한쪽 바닥을 응시했다. 몇몇은 그 바닥에 무릎을 꿇었고, 몇몇은 옆에 서서 조용히 노래를 부르기 시작했다. 이제 막 동 트는 시각, 예루살렘이 일행의 노래로 기지개를 펴기 시작했다. 일행이 다시 움직이기 시작했다. 두 번째 모퉁이를 돌았다. 살짝 언덕이 시작되는 길. 좁은 듯 이어지는 이 길은

아랍인들의 상가가 즐비하게 이어져 있다. 아직 사방은 적막했다. 일행은 골목을 조용히 걷기 시작했다. 어디서 나타났는지 일행 사이로 로마가톨릭 수녀 한 사람이 묵주를 쥔 채 걷고 있었다. 일행은 그녀가 계속 길을 갈 수 있도록 비켜섰다. 기다리던 행렬 가운데 한 사람이 노래를 부르기 시작했다. "예수 나를 위하여 십자가를 질 때 세상 죄를 지시고 고초 당하셨네. 예수님, 예수님, 나의 죄 위하여 보배 피를 흘리니 죄인 받으소서." 노래는 곧 묵직한 합창으로 이어졌다. 일행은 아랍인들의 거리 한쪽에서 조용히 그러나

한 마음으로 힘 있게 노래를 이었다. 앞서 가던 수녀가 노래를 아는 듯 한참을 그 자리에 서 있다가 일행의 노래가 끝나자 가던 길을 이어갔다.

세 번째 코너를 돌아서자 제법 큰 길이 나왔다. 예루살렘의 어둡고 복잡한 골목길을 걷던 일행은 무슨 큰 각오라도 하듯 각자 숨을 내쉬고서 골목길을 빠져나왔다. 일행은 모두 세풀카(sepulchre)라 불리는 곳 앞에 섰다. 누구도 함부로 입을 열지 않았다. 몇몇 사람들만 조용히 주변을 둘러보다가 다시 그들 앞에 운명처럼 놓인 세풀카의 작은 문을 응시했다. 문이 열렸다. 문 안쪽에는 돌바닥으로 된 작은 뜰이 있고 그 오른 편 높은 곳에는 역사상 가장 위대한 사건, 예수 그리스도의 십자가 처형이 있었던 골고다가 위치하고 있다.

세풀카 경내에 들어선 일행은 각자의 눈으로 주변을 돌아보기 시작했다. 대부분은 십자가 처형 자리인 골고다 방향으로 먼저 갔다. 그리고 경건하게 올라와야한다고 경고하는 듯 불편하게 만들어진 계단을 통해 십자가를 세웠던 흔적 앞에 무릎을 꿇었다. 일행은 이어서 십자가에서 내려진 예수에게 수의를 입혔다는 돌판으로 향했다. 누군가는 그 돌판을 지나 뜰로 나와 조용히 무릎을 꿇고서 성경을 묵상하기도 했다. 그러다 누군가 이렇게 나지막이 외쳤다. "이리 와 봐요. 이쪽에 예수님 무덤이 있어." 일행은 그 부름에 이끌렸다. 곧 일행 전체가 그 무덤이라 불리는 곳으로 갔다. 일행은 무덤의 주인이 더 이상 그 곳에 누워있지 않은 빈 무덤 앞에 서서 조용히 묵상하며 그 날 아침 순례여정을 마감했다.

예루살렘 동쪽 끝자락 스데반의 문을 지나 옛 로마 군인들의 안토니 요새(Anthony's Fortress) 자리 근처에서 시작된 '비아 돌로로사'(Via Dolorosa) 순례는 이렇게 이어진다. 몇 번의 고문 섞인 심문 끝에 십자가형이 확정된 예수님은 스스로 달릴 십자가를 지고 이 길을 지났다. 십자가의 가로 버팀목을 지고 안토니 요새를 출발한 예수님의 고난스런 여정은 첫 번 코너를 돌면서 무너졌다. 두 번째 코너를 돌면서는 구레네 사람 시몬이 예수님의 십자가를 함께 지고 갔다. 예수님은 시몬과 더불어 지금 아랍인들의 상가 길을 지나 지금은 흔적만 남은 예루살렘의 영문을 나왔다. 영문 밖으로 내몰린 속죄양처럼 예수님은 해골이라 부르는 곳, 골고다에 도착했다. 그리고 그 언덕에서 인류의 구세주로서 처형되었고 장사되었다. 예수님은 해가 저물기 전, 그러니까 유월절이자 안식일이 본격적으로 시작되기 전, 그 처형장

아래 아리마대 요셉에게서 얻은 무덤에 서둘러 묻혔다. 부산했던 유월절 전날 하루는 끝이 났다. 로마 병사들만 남아 무덤을 지켰다. 당시 예루살렘을 돌던 소문처럼 혹시나 도굴꾼들이 시체를 유기하지 않을까 하는 염려의 결과였다. 그렇게 예수님은 무덤 돌문 안쪽에, 그리고 병사들의 삼엄한 경비 뒤편에서 고난 가운데 죽은 자로 남았다. 그러나 그것이 끝은 아니었다. 예수님은 비아 돌로로사의 끝, 당신이 죽임을 당한 바로 그 곳에서 보란 듯이 부활하셨다. 예수님은 죄와 죽음의 권세를 이기셨고 돌문을 여셨으며, 병사들을 제압하셨다. 예수님은 죽기 위해 굽이굽이 비아 돌로로사의 길을 가셨다가 다시 살아나신 채 그 길을 돌아 예루살렘으로 가셨다. 예수님은 당신의 죽음과 부활이 교차하는 비아 돌로로사의 여정에서 새로운 세상, 새로운 역사를 여셨다.

 비아 돌로로사는 그래서 모든 것이 끝나는 죽음의 길이며 동시에 모든 것이 시작하는 부활의 길이다. 생명의 길이라는 예루살렘 순례를 떠나 비아 돌로로사를 걷는 것은 바울의 고백처럼 "그리스도와 함께 십자가에 못 박히는 것이고 그리스도와 함께 죽는 것"을 의미한다. 동시에 "새로운 부활의 인생길, 새로운 삶의 가능성이 열리는 것을 체험하는 것"이기도 하다. 성도는 슬픔과 절망으로 비아 돌로로사를 걸어 그 길의 끝, 세풀카에서 끝내 죽음을 만난다. 그러나 골고다의 끝점에 서는 것이 진정한 끝은 아니다. 성도는 모든 것이 끝나는 것 같은 먹먹함이 가득한 자리에 서서 새로운 삶의 가능성, 예수 그리스도의 부활로 전개되는 새 인생의 가능성을 만난다.

결국 비아 돌로로사와 세풀카의 순례는 단순한 눈요기 관광을 넘어선다. 비아 돌로로사와 세풀카 순례는 어두운 죽음의 새벽을 지나 찬란한 부활의 아침을 경험하는 인생 전기(轉起)의 여정이다. 모든 죽은 것 같은 삶의 부분들이 새롭게 소성하게 되는 역사를 경험하게 되는 것이다.

성지를 걷는다는 것은 바로 이런 것이다. "오늘 아침, 2000년 전 예수께서 걸어가신 길을 걸어보았어요. 오늘은 내 평생 귀중한 분깃점이 될 것 같아요. 마치 오늘 이전의 내가 있고, 오늘 이후의 내가 있을 것 같아요." 비아 돌로로사와 세풀카의 순례 여정을 마친 한 성도가 환한 얼굴로 시온산 쪽으로 달려갔다. 마가복음의 한 젊은이가 "그가 여기 계시지 않고 살아나셨다"고

외치며 달려갔듯, 그 성도 역시 자신의 삶이 새로운 국면에 들어섰음을 확신하며 시온으로 달려갔다.

순례의 길 위에 서는 가치

순례는 종교적으로 의미 있는 성지(holy place)를 방문하여 그 장소가 품고 있는 신앙적인 의미에 깊이 참여하는 것이다. 거룩한 그 곳에 서서 이전의 삶을 참회하고 구원의 가능성을 한껏 확장하는 것, 그리고 현재보다 나은 삶으로 스스로를 정돈(整頓)하는 것이 순례의 참 의미가 될 것이다. 얼마 전 성지 이스라엘에 순례를 다녀온 한 장로님 부부는 고백했다. "그냥 관광이려니 생각하고 떠났어요. 그런데 가는 곳곳마다 그게 아니더라구요. 처음 하루는 가벼이 구경하는 마음으로 다녔는데 그 밤이 지나고 이틀째가 지나면서 점점 옷깃을 여미게 되고, 발걸음을 진중히 떼게 되고, 무엇보다 순간순간 스스로를 돌아보게 되더라구요."

사실 순례라는 것에 대한 생각은 종교계 구성원들 사이 각자가 다 다르다. 각 종교마다의 생각은 말할 것도 없고 우리 기독교 내에서도 순례에 대한 생각은 각 교파와 교단마다 다르다. 개별적인 믿음과 체험을 강조하는 교단일수록 순례는 사실상 별 의미를 갖지 않는다. 아마도 순복음이나 성결파들 혹은 감리교 일부가 그럴 것이다. 그러나 상징과 성물을 중요하게 여기는 고교회(high church)들의 생각은 다르다. 대부분이 유럽에 뿌리를 둔 성공회나 루터파들은 생각보다 순례에 대해 주의를 기울인다. 그들에게 성지와 그곳의 성물들은 나름의 의미를 갖는다. 그래서 성지로 여행을 떠나고 그곳에서 사람들을 만나고 신비한 이야기들이나 역사적 사건들을 접하는 것이 신앙의 성장과 성숙에 큰 도움이 된다고 생각한다. 사실상 개신교와 한 뿌리라고 할 만한 로마가톨릭은 여기서 완전히 다르다. 그들에게 성지를 체험하고 성물을 만지거나 하는 일들은 천국을 향한 여정에서 각별하다. 그들은 성지순례가 구원과 천국으로 이르는 필수 계단쯤으로 생각한다.

결국 비교적 최근에 발생한 개신교 교파들일수록 성지순례는 먼 나라 이야기인 경우가 많다. 특별히 19세기와 20세기에 기독교 신앙을 받아들인 우

리나라와 같은 일종의 기독교 제3지대는 더더군다나 그렇다. 얼마 전까지 선교의 최전방이었던 우리나라와 같은 교회들은 경제적인 문제도 있거니와 회중 체험 중심의 신앙 노선상 순례는 완전 남의 이야기였다. 기도원과 집회에서 받아도 충분한 하나님의 은혜를 굳이 성지까지 가서 체험할 필요가 무엇이겠냐는 것이다. 그래서 성도들은 이런 식으로 저항적인 태도로 일관하다가 굳이 성지순례를 가자하더라도 그것은 관광 이상의 의미를 갖지 못한다. 상당히 많은 성도들이 어렵사리 성지 순례를 가더라도 역사적으로 얼룩진 현재 모양새들을 보고서는 그저 "돌무더기"일뿐이라 감상평을 하는 경우가 대부분이다.

    그러나 성지순례라는 것은 생각보다 깊고 풍성한 의미를 갖는다. 성물을 직접 만지는 가운데 구원의 가능성을 더욱 높인다거나 혹은 그저 관광으로 즐기는 것 외에 아무것도 아니라는 두 극단 사이에서 성지를 순례하는 일은 여전히 나름 의미를 갖는다. 순례는 복잡하고 소란한 일상을 내려놓고 자기가 주도하는 삶을 잠시 멈춘 채 하나님과 하나님의 사람들이 역사 한 가운데서 서로 부대꼈던 장소로 나아가는 것이다. 그리고 그 곳에서 있었던 신비한 사건들, 그곳에서 있었던 역사적으로 처절했던 사건들의 이야기를 몸으로 나누는 것이다. 그리고 하나님께서 왜 그 때 그 자리에 임재 하셨는지, 하나님께서 왜 그곳에서 그 일을 행하셨는지를 곱씹어 보는 것이다. 또 그 자리에 서 있던 성서와 신앙 역사의 인물들은 왜 그 곳에 서 있었는지, 그리고 그 하나님과 더불어 부대꼈던 사건 이후 그들과 그들 주변, 그들이 살아가던 역사는 어떻게 변화해 갔는지에 대해 배우고 생각해 보는 것이다.

그렇게 그 거룩한 땅과 거룩한 성물들, 사건들, 이야기들과 뒹굴다 보면 방문자는 어느새 그 곳에 몰입하게 되고 그곳이 주는 영적 분위기에 스스로를 온전히 맡기게 된다. 그렇게 방문자는 의심 찬 관광객이 아닌, 참여하는 순례자(a participative pilgrim)가 된다. 그리고 그 신앙과 역사의 사건이 자신에게도 일어나기를, 자신의 삶에도 나타나기를 바라게 된다. 하나님을 만났던 사람들이 변화했듯 자신도 지금 현재로부터 무언가 의미 있는 방향으로 변화하기를 희구하게 된다. 하나님께서 일으키신 사건들로 역사가 변화했듯 자신의 삶을 둘러싼 세상과 역사도 그 때처럼 변화하기를 바란다. 성지와 성물들은 로마가톨릭 신자들의 믿음까지 이르지 않더라도 힘이 있다. 사람을 멈추게 하고 변화로 나아가게 하고 그리고 역사의 흐름을 바꾸는 힘을 가지고 있다.

결국 순례는 유명한

파울로 코엘료가 말한 것처럼 "예상치 않게 변화를 몰고 오는 빛"이다. 순례는 이제껏 걸어왔던 길로부터 내려서서 고대로부터 알려진 길, 무수한 인생의 질문자들이 걸었던 그 길 위에 설 것을 요청한다. 별도의 질문지가 필요한 것은 아니다. 별도의 사전 공부를 요구하는 것도 아니다. 가능하면 그 길을 걸어본 친구나 안내자를 동반하는 것은 좋다. 하나님의 계시가 드러난 곳, 하나님의 아들과 하나님의 사람들이 걸었던 그 길을 조용히 뒤따르며 동반자와 대화하고 혹은 홀로 대화하며 그 때의 일들과 그 삶들을 묵상하다보면 변화의 빛을 보게 된다. 오직 그 길에만 비추는 깨달음의 빛, 변화의 빛, 회복과 부흥의 빛을 보게 된다. 그 빛은 순례자의 이후 인생을 걷잡을 수 없는 격랑으로 몰고 갈 수도 있다. 혹은 순례자의 인생을 평안과 안정으로 인도할 수도 있다. 어쨌든 변화의 빛은 그 길 위에 선 순례자들의 마음과 삶에 새로운 각도의 인생 행보를 제시한다. 이것이 바로 순례의 길 위에 서는 가치이다.

어울리지 않을 듯 어울리는 조합-예수님, 루터 그리고 문준경

예수님이라 하면, 흔히 하나님의 아들이시고 세상을 구원하기 위해 오신 신(神)으로 이해한다. 그러니 그 분의 삶은 당연히 기적과 같은 일들, 신비한 일들로 가득한 신적인 삶이었을 것이라 생각한다. 그 분은 성령으로 잉태되어 동정녀에게서 태어나셨고, 여느 신적인 존재와 마찬가지로 어려서부터 이미 모든 것을 다 아시는 듯 행동하셨다. 30세 나이에 이 세상에 오신 이유를 실현하기 위한 삶을 시작하셨을 때, 악한 자 사탄과 싸워 단지 말로 그를 물리치셨다. 물을 포도주로 바꾸거나 병자들을 낫게 하신 일, 물위를 걸으시는 등의 신적인 능력을 보이신 일들은 부지기수다. 예수님은 마치 클립톤 행성에서 온 수퍼맨과 같이 보통의 사람들과 확연하게 차이 나는 삶을 사신 분이다. 당연히 평범한 사람이 그 분의 삶을 따르는 것은 불가능에 가까운 것이며, 시도조차 하지 못할 초자연성의 무엇으로 여겨진다. 이쯤 되면 예수님은 초월적인 구원자이지 그 분이 이 땅에서 일구었던 인생을 따를 만한 이는 아니다. 여기 이 예수님은 인간으로 오셨으나 일상적인 인간과는 괴리된 삶을 사셨다고 보는 것이다.

   그런데 우리 예수님에게 초월적이어서 도저히 따라붙을 수 없는 신적인 부분만 있는 것은 아니다. 예수님은 인간이기도 하셨다. 예수님은 성령으로 동정녀에게서 탄생 하셨으나 어린 아기의 모습으로 태어나셨다. 또 예수님은 가나의 혼인잔치에 가셔서 그 놀라운 일을 벌이시기 전 나사렛으로부터 어머니 마리아를 모시고 길을 걸으셨다. 가버나움까지의 길 역시 마찬가지였다. 예수님은 그 모든 길을 축지법이나 구름을 타고 가신 것이 아니다. 적어도 우리가 아는 바로 예수님은 당대의 모든 갈릴리 사람들이 걷던 바로 그 길을 당신의 발품을 팔아 직접 걸으셨다. 이런 식의 행보는 예루살렘으로 가는 길이나 혹은 사마리아를 관통하던 행보 모두에서 동일했다. 예수님은 한 인간으로서 그 모든 길을 친히 걸으셨다. 예수님의 인간적 발걸음의

머릿글 *17*

두 강도사이에 못박힌 그리스도, 램브란트작, 1655

정수는 아마도 잡히시던 밤과 그 다음 날 십자가를 지는 모든 과정일 것이다. 예수님은 친히 예루살렘으로 가셨고 겟세마네에서 체포되셨으며 가야바의 집까지 끌려가셨고 그리고 빌라도가 있던 안토니 요새에서 성문 밖 골고다까지 친히 십자가를 지고 걸으셨다.

　예수님께서는 무엇보다 그 모든 사명 감당을 위한 여정을 신실하게 이루셨다. 그리고 사랑으로 이루셨다. 예수님께서 친히, 신실하게, 그리고 사랑으로 이 모든 사명 여정을 완수하셨다는 것은 그 길을 믿고 따르기를 소망하는 사람들에게 새로운 의미를 부여한다. 예수님께서 메시아로서의 사명과 책임을 수행하시던 모든 일정을 스스로의 발걸음으로 일구셨다는 사실은 우리 역시 그 길을 따라 걸을 수 있다는 가능성의 시작점이다. 예수님은 도저히 걸음을 맞출 수 없는 신이나 영웅이 아니다. 예수님의 여정과 행적은 그 길을 본받기를 원하는 누구에게나 열려있다. 하늘로부터 부여받은 사명을 실현하기 위해 주어진 인생길을 직접, 신실하게 그리고 열정으로 걷기를 원하는 이들은 누구나 예수님을 따를 수 있다. 예수님께서 말씀하셨다. "수고하고 무거운 짐 진 자들아 다 내게로 오라 내가 너희를 쉬게 하리라 나는 마음이 온유하고 겸손하니 나의 멍에를 메고 내게 배우라 그리하면 너희 마음이 쉼을 얻으리니 이는 내 멍에는 쉽고 내 짐은 가벼움이라 하시니라"(마 11:28~30).

결국 예수님께서 가셨던 메시아로서 사명의 길과 십자가 사명의 길은 독야청청 예수님 혼자만의 길이 아니었다. 예수님 역시도 "나를 따르라"고 당신의 무리들과 제자들을 격려하셨다. 예수님께서는 사복음서를 걸쳐서 약 열 일곱 번 정도 이 말을 반복하셨다. 결국 그 길을 따르는 것, 예수님처럼 걷는 일은 교파와 종파를 무론하고 그리스도의 제자들에게는 사명과도 같은 일이다. 그래서인지 역사 속 무수한 사람들이 예수님께서 가신 바로 그 십자가 길을 따라 걸었다. 사도들 이래로 역사 속 그리스도인들 거의 모두에게 발견되는 언사들 가운데 그 분을 따르기로 결단하는 고백들은 부지기수로 남아있다.

예수님의 십자가를 향한 길, 그 지극히 인간적인 길은 그래서 인간의 역사 가운데 추종자들을 만들었다. 그들은 한결같이 예수님을 믿고 예수님께서 본을 보이시고 말씀하신 길을 걸었던 사람들이다. 그들에게는 하나님 나라 백성의 공의로움이 있었으며 하나님의 자녀로서 삶의 기품이 있었다. 그들의 인생에는 예수님께서 가신 길과 같은 광야의 척박함이 있으며, 예수님의 길과 같은 고단함과 곤고함이 있었다. 무엇보다 그들이 걸었던 길에는 가시밭이나 거친 자갈밭과 같은 고난이 도사리고 있었으며 종국에는 그들이 가진 모든 것을 내어주어야 하는 십자가 고난이 기다리고 있었다. 그 길을 가는 내내 그들은 외로웠으며, 고통스러웠다. 사방에 그들이 가진 것을 빼앗으려는 도적들이 가득했고 사방에 그들의 길을 가로막는 시험자들이 도사리고 있었다. 그럼에도 그들은 순종하는 기꺼운 마음으로 예수님의 길, 십자가의 길을 걸었다.

　이 책이 예수님 외에 선정한 마틴 루터나 문준경은 그 모든 십자가 길을 따른 이들의 대표일 것이다. 마틴 루터는 우리가 잘 아는 종교개혁가이다. 그는 해묵은 로마가톨릭의 잘못된 신앙 전통을 일소하고 이신칭의(以信稱義)의 새로운 지평을 열었던 사람이다. 비텐베르크의 수도사였고 대학 교수였던 루터는 하나님의 은혜와 진리의 핵심을 잘 파악했다. 그리고 현실세계가 그 은혜와 진리로부터 얼마나 동떨어져 있는지도 알았다. 결국 루터는 개혁가로서 행보를 시작한 이래 이 간극을 줄이기 위해 부단한 노력을 기울이는 삶을 살았다. 그 노력은 내면으로나 외면으로나 치열한 투쟁을 의미했다. 그는 하나님의 은혜와 진리 안에서 믿음으로 살아가는 것에 관하여 누구보다 스스로에게 먼저 질문하고 답을 찾았다. 우리가 아는 한 루터는 이 내면적인 치열함을 평생 유지했다. 그뿐이 아니었다. 루터는 내면으로부터 얻은 진리에 대한 확신을 당대의 사람들에게 전하고 확산하는 일에도 열정적이었다. 그는 평생에 걸쳐 그의 확신하는 바를 성서번역과 찬송 작사, 그리고 다양한 교육적 자료 제작으로 구체화하여 사람들에게 알렸다. 나아가 그는 굽히지 않는 담대함으로 그의 대적들을 상대하기도 했다. 루터는 하나님께서 그리고 예수 그리스도께서 그의 마음과 영혼에 확신으로 심어주신 진리를 키우고 가꾸며 확대하는 일에 신실했고 헌신적이었다. 그의 삶을 그의 발걸음의 궤적으로 추적하는 일은 그래서 매우 가치 있고 의미 있는 일이 될 것이다.

사실 예수 그리스도의 십자가의 길을 따른 것은 고대와 중세의 영웅들에게서만 발견되는 역사적 사실이 아니다. 예수 그리스도의 십자가의 길을 따

른 이들의 발걸음은 세계 곳곳 근현대사에서도 발견된다. 특히 예수 그리스도의 제자도는 20세기에 이르러 더 이상 서방 교회들의 전유물이 아니었다. 우리는 이제 아시아와 제3세계 곳곳에서 십자가의 도를 알고 그 길을 걸어간 이들의 족적을 발견할 수 있다. 한국의 그리스도인들 역시 마찬가지였다. 20세기 한반도는 격동의 세월을 보냈는데 그 고통스러운 세월 곳곳에서 우리는 신실한 그리스도인들의 삶을 발견할 수 있다. 역사의 운명 같은 수레바퀴가 제아무리 크다 해도 그들 역시 위대했다.

 문준경은 한국사의 질곡 사이사이에 피어난 고결한 백합화 같은 존재이다. 그녀는 일제강점기 한반도 남단의 섬 증도에서 여느 여성들과 마찬가지로 살았다. 그녀의 삶은 항상 불행한 듯 보였다. 그러던 그녀에게 예수 그리스도가 오셨다. 그리고 그녀는 예수 그리스도를 믿고 전하는 사람으로 새롭게 변했다. 이후 그녀는 섬마을 전도자가 되었다. 그녀는 온전히 예수 그리스도에게 사로잡혔다. 그를 박대하는 남편과 시댁에도 아랑곳하지 않고 꿋꿋하게 섬마을 곳곳에 복음을 전했다. 그녀는 복음의 논리만 전한 것이 아니었다. 그녀는 복음의 삶도 전했다. 그녀가 가는 곳곳 섬마을에는 은혜로 인한 풍성함이 살아났다. 섬마을 사람들은 문준경의 헌신을 기뻐했고 변화했으며 결국에는 그리스도인이 되었다. 그녀는 한국전쟁 와중에 공산당원들에게 죽임을 당하는 순간에도 복음을 전하고 섬마을 사람들을 위하는 일을 멈추지 않았다. 쉬운 일만 있었던 것은 아니었음이 틀림이 없는데, 그녀는 증도와 임자도 및 신안 일대에 복음의 막대한 영향을 행사했다. 그녀로 인해 증도는 주민의 90퍼센트가 그리스도인이 되었으며 목회자를 비롯한 굵직한 사회 지도자들을 배출했다.

예수님의 길과 루터의 길, 그리고 문준경의 길은 교리와 신학의 눈으로 볼 때 한 눈으로 보기가 쉽지 않다. 그러나 하나님의 선교와 하나님의 백성 됨의 길, 그리고 제자의 길로 이 세 분의 인생을 보는 순간, 어김없이 관통하는 한줄기 빛을 보게 된다. 이 세 분의 인생길에는 자기 확신과 신실함 그리고 하나님과 타인을 위한 여정이라는 공통점이 있다. 예수님과 루터 그리고 문준경은 모두 하나님께서 맡겨주신 인간 구원의 위대한 사명을 위하여 자기 확신을 갖는 일에 충실했다. 무엇보다 예수님과 루터, 문준경은 모두 이 자기 확신을 위하여 혼자만의 시간, 하나님과 진지하게 대면하는 시간, 그리고 확신하는 시간을 가졌다. 예수님과 문준경 그리고 루터는 또한 자신들에게 주어진 사명과 헌신의 길을 스스로의 책임감과 신실함으로 이어갔다.

그 길들이 마냥 쉬웠던 것은 아니었다. 그들이 확신하는 크기만큼이나 고난과 역경은 가속도가 붙었다. 그러나 세 분은 그 모든 역경을 하나님께서 주신 능력과 그 능력에 근거한 바른 방법으로 극복하는데 주력했다. 마지막으로 예수님과 루터 그리고 문준경은 그 인생 발걸음의 종국에 하나님의 귀한 뜻이 실현되기를 위해 최선을 다했다. 그들은 각자 자기  인생의 최종 종착지에 자기 영광이 있기를 원하지 않았다. 예수님은 겟세마네에서 "아버지의 뜻"을 더욱 강조하셨으며, 루터는 자신의 개혁 사명이 끝까지 흐트러지지 않도록 하는 세심한 주의를 기울였다. 그는 끝끝내 개혁가였다. 문준경도 마찬가지였다. 그녀는 공산당원의 손에 죽어가는 순간에도 한 영혼이라도 더 복음 가운데로 인도하기 위한 열정을 내려놓지 않았다. 예수님과 루터, 그리고 문준경은 시대와 공간상으로 멀리 떨어져 있었을지라도 그래서 그 어떤 역사적 공통분모를 찾기는 어려울지라도 그들의 길에 서면 한 가지 공통의 빛이 보인다. 그것은 하나님께서 주신 사명과 책임을 자기 발걸음으로 신실하게 끝까지 걸었다는 것이다.

허리띠를 졸라매고 지팡이를 짚고

인생의 변화를 도모하는 사람이 방구석에 틀어박혀 머릿속으로 자신의 변화된 모습을 그리고만 있어서는 참 새로운 삶을 만날 수 없다. 변화란 눈에 보이는 것이어야 한다. 예수님께서도 열 명의 한센씨병 환자들을 고치신 뒤에 "너희들의 나은 모습을 제사장에게 보이라"고 하셨다. 예수님 자신 역시 두 번에 걸쳐서 당신의 변화된 모습을 하나님 앞에 그리고 제자들과 사람들 앞에 보이셨다. 한 번은 요단강에서 그랬고 다른 한 번은 변화산 위에서 그랬다. 공공연한 변화의 체험은 공공연한 변화의 삶으로 나아가도록 하는 힘의 중요한 근원이다.

결국 우리가 변화한다는 것, 그리고 그 변화의 행보가 신실하게 그리고 일관성 있게 삶 전반에서 구체화 되는 것, 무엇보다 변화의 결실이 자신과 공동체, 그리고 세상을 넘어 하나님에게까지 드러나는 것은 머리와 책 그리고 수다로 다 이룰 수 없는 문제이다. 변화는 변화가 일어나야할 우리 삶의 지경으로 나아가야 시작될 수 있다. 그곳에서 변화의 모토를 세우는 일로부터 구체화될 수 있다. 무엇보다 그 변화가 자신만의 결단으로 완성될 수 없는 겸허함이어야, 그래서 누군가 선험자의 안내 앞에 자신을 맡길 줄 알아야 온전할 수 있다. 무엇보다 변화는 마련된 변화의 동기가 실질적으로 현실화되기까지 꾸준히 신실하여야 그 실체를 마주할 수 있다. 중요한 것은 변화의 현장에 서는 것이다. 모세가 변화를 위하여 산위로 올라갔듯, 다윗이 변화를 위하여 사울 앞에 섰듯, 엘리야가 변화를 위하여 그 산을 찾았듯, 변화는 변화가 일어나는 현장에 서는 것으로 가능하다.

　이 책은 인생살이의 변화를 책으로만 배운 이들을 그 자리에서 일어서도록 하는 능력이다. 마치 베드로와 요한이 "내게 있는 것은 아무 것도 없지만, 나사렛 예수의 이름으로 일어나 걸으시오."라고 외쳤듯 이 책 역시 책상머

리에 앉아 책의 서론을 뒤적거리고만 있는 이들을 일으켜 세운다. 그리고 예루살렘으로 가라고 한다. 비텐베르크로 가라 한다. 증도로 가라 한다. 거기서 하나님의 진리와 은혜 앞에서 변화를 촉구 받은 이들의 두렵고 떨리던 그 마음을 느끼라고 한다. 변화를 촉구하시는 하나님 앞에서 분연히 일어선 그들을 바라보라고 한다. 나아가 그들이 변화했음을 신빙성 있게 보여줄 구체적인 사례들을 그들이 걸었던 길, 그들이 멈춰 섰던 길에서 함께 경험해 보라 한다. 이 책은 그렇게 순례를 권한다.

다른 것이 필요한 것이 아니다. 비비크림 따위는 필요 없다. 신용카드는 더더군다나 필요 없다. 허리띠를 졸라매고 지팡이를 짚고서 그 분들이 섰던 그 길에 서는 것만 필요하다. 예루살렘으로 향하는 길에 서서 예수님을 만나고 보름스로 가는 길에 서서 루터를 만나고 증동리를 향하는 길에 서서 문준경을 만나야 한다. 그리고 그 변화의 선험자들과 더불어 손을 잡고 나를 변화시키는 길로 들어서야 한다. 배낭 한쪽에 이 책과 성경책을 찔러 넣고 순례를 떠나 보자. 젊은이라면 인생의 서막, 어떤 마음과 자세로 시작할 것인지 길이 보일 것이며, 어른이라면 인생의 후반전, 어떤 기획으로 남은 생을 살 것인지 길이 보일 것이다.

예수님의 하나님나라 선포와 루터의 종교개혁 그리고 문준경의 섬마을 복음화의 여정은 신화와 설화의 이야기가 아니다. 그것은 역사 한복판에 벌어진 스스로의 변화의 여정이며 타인의 변화를 촉발하는 여정이었으며 세상을 변화시키는 여정이었다. 지금 이 책을 뒤적거리고 있는 그리스도인, 스

스로를 예수 그리스도의 제자라고 고백하는 당신은 지금 어디에 서 있는가? 온통 애매모호함으로 범벅이 된 삶의 한 귀퉁이에서 누군가 자신을 찾아와 변화시켜주기만을 기다리고 있는가? 자신의 인생 변화와 자신의 인생 진보는 오직 자신만의 몫이다. 자, 이제 자신의 어쭙잖은 허세와 같은 인생 한번쯤 '포즈(pause)'시키고, 그분들이 걸었던 그 길들로 나아가라. 이미 변화가 가능하다 검증된 그 길들 위에 서라. 그리고 그 길들의 의미를 물어라. 그리고 이제, 당신도 변해라. 변화 체험은 용기 있게 그 길들 위에 선 이들에게 하나님께서 주시는 특권이다.

30 그 길의 의미를 묻다

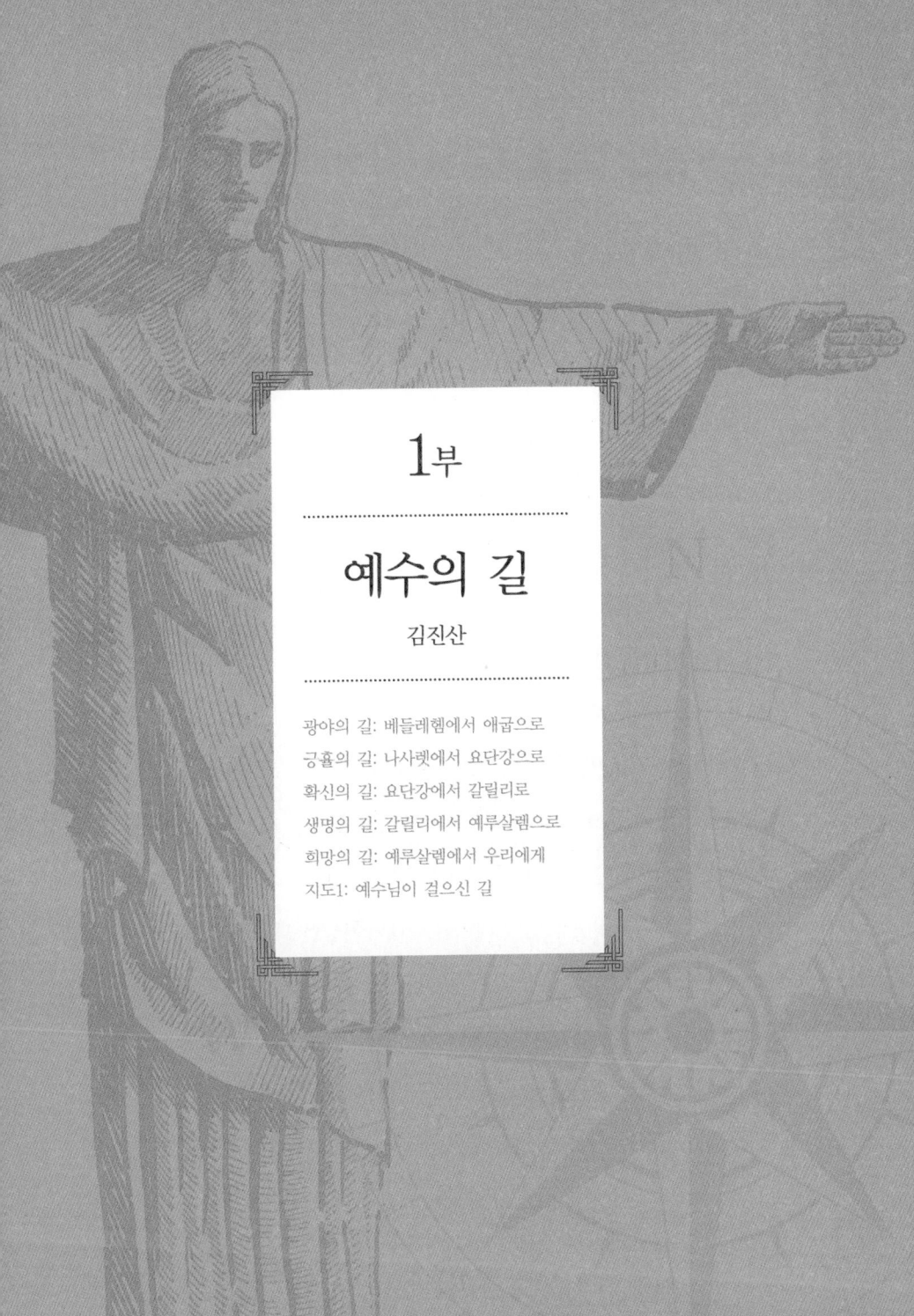

1부

예수의 길

김진산

광야의 길: 베들레헴에서 애굽으로
긍휼의 길: 나사렛에서 요단강으로
확신의 길: 요단강에서 갈릴리로
생명의 길: 갈릴리에서 예루살렘으로
희망의 길: 예루살렘에서 우리에게
지도1: 예수님이 걸으신 길

광야의 길
베들레헴에서 애굽으로

광야에서 첫 발을 내딛다

예수님은 평생을 길 위에 서신 분이다. 예수님의 생애는 그래서 광야에서 시작된다. 예수님은 베들레헴 출생 이후 여느 아이들처럼 동네 친구들과 저 작거리에서 놀고 장난하며 어린 시절을 보내지 못한 채, 이집트로 도망을 쳐야만 했다. 동방의 현자들이 찾아와 유대 민족을 통치할 메시아, 새 왕이 태어날 것이라는 소식을 전하자 헤롯(Herod the Great, 주전 37년~주전 4년)은 예수님뿐 아니라 비슷한 날에 태어난 사내아이들을 모조리 없애려 했다. 헤롯은 주전 37년 로마의 후원으로 유대 하스모니아 왕조를 무너뜨리고 무력으로 유다 지역 왕의 자리에 올라선 사람이었다. 그는 자신의 왕조를 지키고자 로마의 총독 역할을 자처했고, 그 막강한 힘으로 유대인들을 억압했다. 문제는 헤롯은 혈통적으로 유대인이 아니라 유대인으로 개종한 이두

예수님의 첫 여행지 이집트는 당대 최고의 헬라-로마 문명 중심지 가운데 하나였다.

매 출신이었다는 것이다. 그런데 동방 페르시아에서 온 현자들이 이 유다 땅에서 새로운 유대인의 왕이 태어날 것이라는 소식을 전하자 헤롯은 흥분할 수밖에 없었다. 결국 예수님의 부모는 헤롯이 베들레헴에서 태어난 모든 유대 아이들을 찾아 죽이자 남부 광야길을 지나 이집트로 피난을 떠났다.

예수의 이집트 피난생활은 이스라엘 민족의 이집트 노예생활을 떠올리게 한다. 이스라엘의 시작이 이곳 이집트였던 것처럼 성육신하신 예수님의 삶도 이집트가 시작인 것이다. 이스라엘 민족은 이집트에서 사백 삼십 년을 살았다. 이 때 이스라엘 민족은 큰 민족을 이루었으나 동시에 노예 생활의 고통도 겪어야 했다. 이집트에서의 생활은 결국 하나님의 백성 이스라엘의 역사적 출발점이 되었다. 이후 이스라엘은 모세의 인도를 따라 이집트로부터 탈출했고 하나님의 약속하신 땅, 가나안 땅에 정착하여 살았다. 모세의

1부 예수의 길 *33*

소명은 히브리 민족의 구원과 해방이었다. "내가 애굽에 있는 내 백성의 고통을 분명히 보고 그들이 그들의 감독자로 말미암아 부르짖음을 듣고 그 근심을 알고...이제 가라 이스라엘 자손의 부르짖음이 내게 달하고 애굽 사람이 그들을 괴롭히는 학대도 내가 보았으니 이제 내가 너를 바로에게 보내어 너에게 내 백성 이스라엘 자손을 애굽에서 인도하여 내게 하리라"(출 3:7-10).

예수님께서 이집트로 피난을 떠났을 때 이집트 곳곳에는 디아스포라라 불리는 유대인들이 이미 살고 있었다. 당시 이집트의 수도였던 알렉산드리아에는 도시 인구의 삼분의 일에 이르는 18만 명이나 되는 유대인들이 살고 있었다. 알렉산드리아는 주전 331년 알렉산더 대왕이 건설한 도시로 헬레니즘(Hellenism)을 전파한 중심지였다. 이후 알렉산더의 장군이었던 프톨레미(Ptolemy I Soter, 주전 367~주전 283년)가 이집트의 새로운 통치자가 되면서 알렉산드리아는 이집트의 수도가 되었다. 프톨레미 왕조는 비교적 관대한 정책을 펼쳤다. 그러자 이집트와 북아프리카 곳곳에 흩어져 있던 유대인들이 모여들었다. 심지어 프톨레미 2세였던 필라델푸스 왕은 유대인들의 경전인 토라를 히브리어에서 헬라어로 번역했다. 셉투아진트(Septuagint) 즉, 칠십인 역본(LXX)이 바로 그것이다.

예수님이 피난생활을 했던 시절, 알렉산드리아는 로마제국의 치하에 있었다. 로마 역시 헬라문화(Greco-Roman Culture)에 대해 관대한 나라였다. 결국 로마 제국 시절 내내 알렉산드리아는 헬라식 로마 문화의 중심지였다.

예수님 가족이 정착한 알렉산드리아는 지중해 일대의 3대 대도시 가운데 하나였으며 이집트와 그리스, 로마를 아우르는 문명의 핵심지였다.

특히 예수님이 내려갔을 때 이집트 특히 알렉산드리아는 눈부신 발전을 이루고 있었다. 마치 모세가 당대 최강 왕조를 형성한 람세스 2세 시대를 경험했을 때와 같았을 것이다. 결국 예수님께서는 오래전 이스라엘이 그랬던 것처럼 인간 세속 문화가 융성하는 한 복판에서 어린 시절을 보내시며, 하나님의 백성들의 새로운 비전 시작점을 이루셨다. 그리고 여기서 홍해와 광야 길을 지나 가나안으로 들어가셨고 새로운 하나님 백성의 구원 역사를 구체적으로 시작하셨다.

그렇게 이집트에서 시간이 흐르던 중 헤롯이 죽었다는 소식이 전해졌다. 예수님의 가족들과 아직 어린 예수님은 이집트 피난생활을 끝내고 이스라엘 땅으로 돌아갈 준비를 서둘렀다. 그리고 광야길을 통해서 오래전 가나안이라 불리던 유다 땅으로 귀향길에 올랐다. 성서는 이집트에서 나사렛에 이르는 예수님의 길을 자세히 언급하지 않고 있지만 그 길에는 광야가 있었다. 모세가 이집트를 빠져나왔을 때 맞닥뜨렸던 그 광야 길이었다. 모세와 이스라엘 자손이 40년간 지났던 광야 길은 하나의 이름만 갖고 있지 않았다. 수르, 에담, 신 혹은 시내, 바란, 진 혹은 네게브, 아라바 광야들이 있었다. 모세와 이스라엘 민족은 이 모든 광야 길을 거쳐야만 했고 그 광야 길 끝에 도착한 곳이 바로 약속의 땅, 가나안 땅이었다. 예수님 역시 이 광야길을 거쳐 가나안으로 돌아오셨다. 오래전 모세와 이스라엘 백성들처럼 말이다.

요한의 세례에 참여하다

유다 땅 하나님의 백성들은 메시야의 오심을 간절히 기다렸다. 그런데 유대 전통에서는 메시아가 다윗의 후손이어야 하며 다윗의 고향이었던 베들레헴에서 출생해야만 했다(요 7:42). 예수님의 탄생은 이 전통에 충실했다. 그 분은 다윗의 후손이었고 베들레헴에서 태어났다. 그런데 신기하게도 성서외에 유대인과 로마인의 기록들은 메시아로서 예수님의 출생이나 활동에 대해 철저하게 침묵했다. 예수님과 동시대 인물이었던 알렉산드리아의 필로(Philo, 주전 20년~주후 50년)는 예수의 출생과 활동에 대해 한 줄의 기록도 남기지 않았다. 예수의 십자가 처형과 죽음에 깊이 관여했던 로마 총독 빌라도(Pontius Pilate, 재임 주후 26년~36년)조차 예수님에 대해서는 보고도 하지 않았다. 단지 요세푸스(Flavius Josephus, 주후 37년~100년)만이 예수님에 관한 단편을 남겼다. 그는 예수의 형제였던 야고보와 세례 요한의 활동에 대해서 자세히 기록으로 남겼다. 예수님의 제자들이 과감하게 실행했던 복음전파 활동에 대해서는 침묵할 수가 없었던 것이다. 요세푸스는 결국 제자들에 관한 기록을 위해 한 번도 만난 적도 없었던 예수라는 메시아와 그의 십자가 처형, 부활에 대해 기록을 남겼다(Flavius Josephus, Antique. 18권 63~64.). 그러나 요세푸스 조차 유대적 관점에서 메시아 탄생에 관한

예수님이 세례 받으신 곳은 유다광야와 면하여 사해로 흘러들어가기 전 요단강 하류일 것으로 추정된다. 지금도 이곳에는 많은 교회와 순례자들이 찾아와 세례 예식을 베풀고 세례를 받는다.

중요한 주제 즉, 예수님의 다윗의 자손 문제와 베들레헴 탄생 문제에 대해서는 입을 다물었다. 요세푸스를 비롯한 당대의 사람들은 결국 이 특이한 일련의 사건들, 예수 그리스도의 이야기들을 세상에 드러내려 하지 않았다. 그들의 눈에 예수님의 행적은 보잘 것 없는 것이었고 의미 없는 것이었다. 그들의 눈에 예수님은 기록을 남길만한 가치가 있는 힘 있는 왕이나 장군, 권위 있는 종교가 혹은 파격적인 혁명가도 아니었다.

예수님은 당대의 외면을 염두에 두지 않으셨다. 예수님은 세상이 외면하는 가운데에도 원래 주어진 행보를 이어가셨다. 공생애를 시작하실 즈음 예수님은 다시 한 번 광야길로 나가셨다. 예수님께서 가신 곳은 세례요한이 회개와 하나님나라를 선포하던 곳, 요단강이었다.

세례요한의 세례 운동은 근원이 있었다. 당시에는 에세네(the Essene)라 불리는 유대교 종파 운동이 성행했는데, 이들은 전혀 새로운 방식의 경건 운동을 일으킨 사람들이었다. 그들은 기대를 모았던 마카비의 후예 하스모니안 왕조가 헬라주의에 빠져들자 크게 실망했다. 그들은 결국 기대를 걸었던 예루살렘을 떠나 사해 광야로 나갔다. 그리고 공동체를 세웠다. 그것이 바로 쿰란(Qumran)이었다. 쿰란에서 에세네파들은 아침저녁으로 흐르는 물(flowing water)을 받아 정해진 정결예식 장소에서 몸을 깨끗하게 씻었고 성경을 필사했으며 해석했고 그것을 묵상하는 법을 새롭게 만들었다. 세례 요한은 아마도 이 공동체에 참여했던 것으로 보인다. 그런데 요한은 쿰란에 오래 머물지 않았다. 그는 선택받은 이들만의 폐쇄적인 공동체를 벗어나 요단강으로 가서 하나님의 은혜가 필요한 모든 사람들에게 세례를 베풀었다.

요한의 세례운동은 모든 면에서 특이했다. 유대적 전통에서 광야에서 외치는 자의 소리는 기대해볼만한 것일 수 있었으나 그 외치는 자가 요단강에서 세례를 베풀기로 한 적은 없었기 때문이다. 구약성서 어디에도 이스라엘 민족을 상대로 요단강에서 세례운동을 벌였던

안드레아 만테그나(Andrea Mantegna)가 15세기에 그린 예수님의 세례

사건을 발견할 수는 없다. 다만 여호수아 3장에 이스라엘 민족이 가나안 땅으로 들어갈 때 요단강을 건넌 사건이 기록되어 있을 뿐이었다. 그들은 요단강을 건널 때 요단강 바닥에서 건져 올린 열 두 개의 돌들을 갖고 제단을 쌓아 여호와께 예배를 드렸다. 하지만 그것은 약속의 땅에서 드린 첫 예배였고 회개운동이나 세례운동이 아니었다.

사실 요한의 세례운동이 무엇을 의미하는지의 답은 마가복음 1장에서 찾을 수 있다. 광야에 선 요한은 "너희는 주의 길을 준비하라 그의 오실 날을 곧게 하라 기록된 것과 같이"라고 말한다 (막 1:3). 여기서 우리는 요한의 외침

1부 예수의 길 *39*

가운데서 예언자 이사야의 메아리를 듣는다. 그는 광야에서 옛 선지자 이사야의 외침(사 40:3)을 울림통 삼아 임박한 주의 오심을 선포하고 있었던 것이다. 당시 헤롯정권은 로마제국의 하수인으로 유대를 압제하고 있었고, 헤롯정권의 시녀로 전락한 사두개인들과 바리새인들 대다수는 유대 백성을 우둔하게 만들고 있었다. 그런 현실에서 '광야에서 외치는 자의 소리'는 유대 백성을 감동시키는 울림이 되었고 메시아의 오심을 간절히 바라는 백성들에게 큰 희망이었다.

예수님은 광야 한복판에서 퍼져 울리는 이 요한 소리, 요한의 세례운동에 참여하셨다. 그 시절 광야로 나온 사람들은 정치적으로나, 경제적으로나, 종교적으로나 기존 세계에서는 희망을 얻을 수 없는 사람들이었다. 결국 그들은 세례요한의 외침을 들었고 광야에 모였다. 광야에서 그들은 세례를 받으며 참 메시아를 기다렸다. 예수님께서는 그 아픔어린 간절한 소망의 한 복판으로 가셨다. 결국 그들의 간절한 소망과 기대는 예수님께서 세례를 받으시고 물 밖으로 나오며 들린 소리, "이는 내 사랑하는 아들이요, 내 기뻐하는 자라"는 하늘의 외침으로 응답될 것이었다(눅 3:22).

예수님의 세 번째 광야 길: 시험을 받으시다

요한에게 세례 받으신 후 예수님께서는 더 깊은 광야로 들어가셨다. 유대 광야였다. 유대 광야는 유대 산지에 있는 예루살렘과 베들레헴 그리고 헤브

론의 동쪽지역으로, 사해로 내려가는 곳을 말한다. 유대 광야의 연평균 강수량은 500mm를 넘지 않는다. 덕분에 이 장소는 사람이 영구적으로 거주지를 형성하고 살 수 있는 조건이 되지 못했다. 오히려 이곳은 적을 피해 도망 온 피난민이나 종교적으로 고립된 생활을 추구하는 이들의 은둔처로 최적의 장소였다. 다윗 역시 사울의 시기와 미움을 피해 도망갔던 엔게디의 광야도 유대광야였다(삼상 24:1). 신약시대 헤롯은 그를 대항하는 유대인들의 반란에 대비해서 도피할 속셈으로 이 광야에 마사다(Masada)와 헤로디온(Herodion) 같은 요새를 건설했다. 예루살렘의 로마 결탁과 정치적 부패, 종교적인 타락을 한탄했던 사람들은 후대가 쿰란이라 부르는 자신들만의 공동체 거주지를 사해 앞 언덕에 형성하였다.

성서는 광야와 관련하여 많은 이야기를 들려준다. 출애굽 당시, 광야는 이스라엘 자손들이 여호와를 하나님으로 고백하며 하나님의 백성으로 민족의 정체성을 발견하는 곳이었다. 다윗은 사울을 피해 광야에서 오랜 세월을 보냈다. 광야에서 그가 고백한 찬양, 예배, 탄원은 시편으로 기록되어 오늘날까지 성서를 읽는 이들에게 큰 감동을 주고 있다. 엘리야는 아합과 벌인 치열한 영적싸움에서 지친 나머지 광야로 숨어들었고, 심지어 그 곳에서 죽겠다고 하나님께 탄원했다. 그러나 하나님은 엘리야를 광야의 거룩한 산, 호렙으로 인도하셨고 그 산에서 엘리야를 다시 하나님의 선지자로 임명하시며 새로운 사명을 부여하셨다.

광야는 인간사의 복잡한 시간과 공간으로부터 자유로운 땅이다. 그래서

광야는 인생의 새로운 길을 모색하는 이들에게 성지같은 곳이다. 이 척박하여 사람살기 어려운 곳에서 예수님은 40일을 금식하셨고 기도하셨으며 메시아로서의 사역을 준비하셨다.

하나님을 대면하고 인생과 역사의 새로운 국면을 형성하기에 좋은 곳이었다. 그러나 동시에 광야는 어느 누구의 도움도 받을 수 없는 곳이며, 척박하고 메마른 땅으로 철저히 자연의 흐름에 순종할 수밖에 없는 곳이었다. 성서의 주인공들이 그랬다. 광야에 있어야만 했던 그들은 죽겠다고 광야를 찾았지만 하나님은 오히려 그들을 살리셨고 새 희망과 삶의 과제들을 주셨다. 그렇게 광야는 죽음과 삶의 경계에서 살겠다는 의지를 가진 자에게 새로운 삶을 허락했다.

　예수님께서는 이제 광야 깊숙한 곳으로 나아가셨다. 그리고 그 곳에서 하나님만을 의지하며 살아가는 하나님 백성의 삶의 지표를 세우셨다. 예수님께서는 광야에서 사십 일을 금식하며 기도하다가 마귀에게 시험을 받으셨다(마 4:1). 마귀의 유혹은 인간으로서 얻을 수 있는 모든 것을 얻을 길에 관한 것이었다. 마귀는 예수님께 메시아가 되려면 사람들이 필요로 하는 떡 즉, 돈이 있어야 할 것이라고 말했다. 더 나아가 마귀는 메시아가 되려거든 사람들이 즐겨할만한 것 예를 들면 명예와 같은 것으로 사람들의 마음을 사야 한다고 유혹했다. 마지막으로 마귀는 진정한 메시아가 되는 길과 권력을 갖는 것을 같은 것이라고 말하고 힘을 가지라고 설득하기도 했다.

그러나 예수님은 그 시험과 유혹보다 더 위대한 방법을 꿈꿨다. 그것은 바로 하나님의 뜻을 실현하는 하나님다운 방법이었고 하나님다운 길이었다. 하나님의 뜻은 하찮은 인간의 돈과 명예와 권력으로는 절대로 이룰 수 없는 것이었다. 예수님은 그래서 과감하게 사탄의 유혹에 대응하셨다. 예수님은 먼저 "사람이 떡으로만 살 것이 아니요 하나님의 입으로부터 나오는 모든 말씀으로 살 것이라"(4절)했고 "주 너의 하나님을 시험하지 말라"(7절)고 명령하였으며 "사탄아 물러가라 주 너의 하나님께 경배하고 다만 그를 섬기라"(10절)고 외쳤다.

예수님이 광야에서 받으신 세 가지 시험은 하나님 나라의 본질을 보여준 놀라운 사건이었다. 세상이 말하는 하나님 나라는 하나님께서 세상을 통치하시며 하나님이 아닌 다른 세력이 넘볼 수 없는 나라를 말한다. 광야의 시험은 세상의 세력이 하나님 나라를 어떻게 전복시키는지를 보여준 사건이었다. 시험하는 자 마귀는 돈, 명예, 권력으로 하나님 나라를 유린하고 하나님 백성을 혼란에 빠뜨리는 불의한 지배세력을 상징한다. 마귀의 시험을 이

기고 모든 유혹으로부터 자유하게 된 예수님의 모습은 하나님 나라의 백성이 세상의 지배로부터 해방되어 자유로운 하나님의 백성으로 살 수 있음을 예시한 것이다. 예수님은 오직 하나님의 통치만이 세상으로부터 우리를 해방시킬 수 있다는 증인이 되셨다.

긍휼의 길
나사렛에서 요단강으로

에레모스

예수님은 광야길에서 당신의 메시아로서 사역 준비를 마치신 후 그곳을 떠나 갈릴리(Galilee)로 가셨다. 예상 밖이었다. 메시아로서 사역을 시작하신 예수님이 이스라엘 역사의 중심 예루살렘이 아니라 역사의 주변부이자 뒷골목인 갈릴리로 가신 것이다. 유대광야와 요단강에서 회개와 정결운동을 이끌었던 요한이 헤롯 왕조에 의하여 반역죄로 체포되었다는 소식을 듣자 예수님은 곧 갈릴리로 갔다. 그리고 그 곳에서 처음으로 유대인들을 향하여 "때가 찼고 하나님의 나라가 가까이 왔으니 회개하고 복음을 믿으라"고 외치셨다(막 1:15). 평범한 사람들의 눈으로는 예수님의 갈릴리 행을 납득하기가 어렵다. 메시아로서 세상을 구원하려거든 세상의 중심으로 가야 옳았다.

우리는 여기서 갈릴리에 대한 한 가지 특이한 표현을 주목해야 한다. 바로 '빈들' '한적 한 곳'으로 번역된 에레모스(eremos)라는 헬라어 표현이다. 에레모스의 기본적인 뜻은 '광야'이다. 구약성서 히브리어로 광야는 '미드바르(midbar)'인데 이 단어에 대한 헬라어 번역이 바로 에레모스이다. 당연히 신약성서에서도 에레모스는 광야를 의미하는 말이다. 마태복음 3장 1절, "그 때에 세례 요한이 이르러 유대 광야에서 전파하여 말하되"에서 "광야"가 바로 에레모스이다. 마태복음 4장 1절, "그 때에 예수께서 성령에게 이끌

갈릴리는 유다 광야같이 척박하지 않다. 대부분의 땅이 갈릴리의 풍요로운 수자원 덕분에 아름다운 초지를 형성하고 있다. 그러나 그 땅의 대부분은 한적한 들판과 같은 곳이다. 기도하고 묵상하는 가운데 하나님의 뜻을 알기에 더없이 좋은 곳이다.

리어 마귀에게 시험을 받으러 광야로 가사"에서 "광야" 또한 에레모스이다.

그런데 예수님의 공생애 사역에서 첫 활동무대였던 갈릴리에서는 유대 광야와 같은 척박한 땅을 전혀 찾아볼 수 없다. 헐몬산에서 시작하는 요단강의 풍부한 수자원 덕분에 갈릴리 지방은 매우 비옥한 땅을 이루고 있어서 농업과 목축업이 가능한 지역이다. 그런데 이 풍족한 땅 갈릴리를 에레모스로 표현하는 구절이 신약성경에 등장한다. 마태복음 14장 13절, "예수께서 들으시고 배를 타고 떠나사 바로 빈들에 가시니 무리가 듣고 여러 고을로부터 걸어서 따라간지라"에서 "빈들"이 바로 '에레모스'인 것이다. 광야의 에레모스가 갈릴리 지방에서도 사용되자 각국의 성서번역자들은 당황했다. 결국 성서번역자들은 '광야'의 에레모스를 '빈들'의 에레모스로 번역할 수밖에 없었다. 그런데 더 심각한 것이 있었다. 마가복음에서는 이 에레모스가 광야나 빈들이 아닌 "한적한 곳"이라는 말로 번역되기도 했다. "새벽 아직도 밝기 전에 예수께서 일어나 나가 한적한 곳으로 가사 거기서 기도하시더니"(1:35)에서 '한적한 곳'이 바로 에레모스인 것이다. 이 표현은 지리적인 어떤 의미보다는 예수님께서 자의적으로 선택하신 갈릴리의 한 장소를 의미한다. 번역자들이 머리 아플만한 대목이다.

번역이야 어찌 되었든 '광야', '빈들', '한적한 곳'에는 하나의 공통점이 있다. 모두 예수가 홀로 있었던 곳들이다. '에레모스'는 예수님이 홀로 금식하며 기도하고 묵상했던 곳을 상징하는 장소를 가리키고 있다. 예수님께서 부산하고 번잡한 곳을 떠나 혼자만의 시간, 아니 하나님과 함께 할 수 있는 시간을 위해 갈릴리의 한켠에서 발견하신 곳이 바로 빈들이며 한적한 곳이었던 것이다.

나사렛 예수

헤롯 안티파스가 세례 요한을 반역죄로 체포했다는 소식을 들으신 예수님은 바로 갈릴리 지방으로 가서 사역을 시작하셨다(마 4:12). 일반적으로 예수님의 갈릴리 사역이 갈릴리 해변의 가버나움에서 시작했다고 알려져 있지만, 신약의 본문을 꼼꼼히 살피면 예수님 사역의 시작은 가버나움이 아닌 나사렛이란 사실을 알 수 있다. 요한복음에 보면, "사흘째 되던 날 갈릴리 가나에 혼례가 있어 예수의 어머니도 거기 계시고…그 후에 예수께서 그 어머니와 형제들과 제자들과 함께 가버나움으로 내려가셨으나 거기에 여러 날 계시지는 아니하시니라"고 되어 있기 때문이다(요 2:1,12).

그런데 예수님의 나사렛 사역에 관한 마태복음과 누가복음의 이야기는 서로 엇갈린다. 마태복음은 예수님이 유대 땅 베들레헴에서 태어났는데 헤롯의 박해 때문에 이집트로 피난을 떠나야만 했고, 헤롯이 죽자 다시 돌아오지만 유대 땅이 아니라 갈릴리 지방 나사렛으로 와서 살았다고 한다(마 2장). 이에 반해 누가복음은 예수님의 부모가 본래 갈릴리 지방 나사렛 동네에 살았는데 로마총독의 인구조사령에 따라 호적에 등록하기 위해 유대 땅 베들레헴으로 갔다가 거기서 예수를 출산했으며 그리고 다시 나사렛으로

예수님은 나사렛에서 목수로 사셨다. 사진은 현재 나사렛에 있는 성서시대 풍속을 복원한 마을과 그 마을의 목수 작업장 전경이다.

돌아갔다고 보고한다(눅 2장). 두 보고가 이렇게 다르지만 동시에 예수님이 갈릴리 사람이며 나사렛 동네 출신이라는 공통점을 갖는다.

나사렛에서 예수님의 직업은 목수였다. 목수로 쓰인 헬라어, '테크톤(tekton)'은 '석수(石手)라는 의미도 내포하고 있는데, 예수 시대의 목수 혹은 석수는 일반 농부들과 달리 수공업자이며 건축 기술자들이었다. 요즘으로 치면 하이테크 기술자였던 것이다. 그러나 하이테크 기술자가 각광을 받는 건 요즘 일이다. 갈릴리 지방 나사렛 출신의 예수는 사회적으로 지위를 가진 기술자이기 보다는 그저 사회적 약자에 속했다. 한 마디로 그저 그런 직업을 가진 하찮은 사람에 불과했다.

예수님뿐이 아니었다. 그 시대 갈릴리 사람들은 이방인과 같은 존재로 취급당했다. 유대 땅 예루살렘 중심 관점에서 갈릴리 사람은 '저 편'(the other side)의 존재였을 뿐이다. 랍비 요하난 벤 자카이(Johann Ben Zakkai)는 갈릴리 사람에 대해 비난하면서 "갈릴리야 너는 토라를 멸시한다."고 말하기도 했다. 결국 예루살렘 쪽 사람들이 동료로 여기지 않는 땅, 그 갈릴리 지방에서도 작은 마을 나사렛 출신이며, 목수였던 예수님은 분명 역사의 중심부에 있는 인물이 아니었다. 예수님의 출생지가 다윗의 출생지와 동일한 베들레헴이었기 때문에 구약성서에서 말하는 메시아 언약 성취로서 예수를 볼 수는 있었지만 나사렛에 사는 예수는 유대인에게 결국 관심의 대상이 될 수 없었다. 갈릴리와 나사렛의 예수님은 결국 이 현실 조건 속에도 불구하고 당신의 메시아로서의 사역을 시작하신 것이다.

사실 예수님께서 베들레헴이나 예루살렘이 아닌 갈릴리 나사렛에서 사역을 시작하신 것은 나름 성경 말씀 성취의 의도가 있었다. 먼저 예수님은 이사야서의 말씀을 성취하셨는데, 누가복음 4장에 따르면 유대광야 시험 이후 갈릴리로 간 예수님은 그곳 각 회당을 비롯하여 갈릴리 곳곳에서 성서를 가르쳤다. 어느 날 예수님은 나사렛으로 가셨다. 마침 안식일이 되어 예수님은 그곳 회당으로 들어가 성서를 읽었는데, 그 성서가 바로 이사야 61장이었다. 말씀은 이렇게 전개된다. "주 여호와의 영이 내게 내리셨으니 이는 여호와께서 내게 기름을 부으사 가난한 자에게 아름다운 소식을 전하게 하려 하심이라 나를 보내사 마음이 상한 자를 고치며 포로된 자에게 자유

지금 나사렛은 예수님 시절 나사렛에 비해 훨씬 큰 도시가 되었다. 많은 순례객들이 도시를 찾고 예수님이 자라신 도시의 곳곳을 방문한다.

를, 갇힌 자에게 놓임을 선포하며"(1절). 우리는 여기서 "여호와께서 내게 기름을 부으사"라는 구절을 주목하지 않을 수 없다. '기름을 붓다'의 히브리어가 곧 '메시아'이기 때문이다. 예수님은 결국 베들레헴이 아닌 갈릴리 나사렛에서 자신이 메시아라는 사실을 알리는 선포식을 여신 것이었다.

실제로 이사야는 메시야와 갈릴리의 관련성을 밝힌 예언자 가운데 하나이다. 그 가장 대표적인 본문은 이사야서 9장 1~2절, "전에 고통 받던 자들에게는 흑암이 없으리로다 옛적에는 여호와께서 스불론 땅과 납달리 땅이 멸시를 당하게 하셨더니 후에는 해변 길과 요단 저쪽 이방의 갈릴리를 영화롭게 하셨느니라 흑암에 행하던 백성이 큰 빛을 보고 사망의 그늘진 땅에 거주하던 자에게 빛이 비치도다."이다. 여기서 그는 "스불론 땅과 납달리 땅", "해변 길과 요단 저쪽 이방의 갈릴리"를 "사망의 그늘진 땅"으로 가리킨다. 그리고 거기에 사는 사람들을 "흑암에 행하던 백성", "사망의 그늘진 땅에 거주하던 자"라고 규정한다. 그런데 이사야는 계속해서 그 땅에 살아가는 그 사람들에게 "큰 빛"이 비춘다고 예언한다. 여기서 이사야가 말하는 "큰 빛"이 곧 메시야이며 그가 "평강의 왕"이다(6절). 다른 어느 곳 보다 갈릴리에 오실 메시아에 관한 예언인 것이다. 예수님은 지금 이것을 이루신 것이다. 무엇보다 나사렛 예수와 직접적으로 관련된 이사야의 예언은 11장 1절에 있다. 그는 "이새의 줄기에서 한 싹이 나며 그 뿌리에서 한 가지가 나서 결실할 것"이라고 선포했다. 여기서 "가지"의 히브리어가 네쩨르(nezer)이며 이 네쩨르에서 파생된 말이 나쩨렛트(nazeret) 즉 나사렛(Nazareth)이다.

나사렛의 예수와 메시아의 관련성은 마태복음 2장 23절, "나사렛이란 동네에 가서 사니 이는 선지자로 하신 말씀에 나사렛 사람이라 칭하리라 하심을 이루려 함"이라는 말씀에서도 나타난다. 이 말씀은 예수님이 갈릴리 지방 나사렛에 정착하신 근거가 되는 중요한 본문이다. 마태복음 2장 19~23절을 찾아보면, 헤롯대왕이 죽은 후 이집트에 머물렀던 예수와 그의 가족은 다시 이스라엘로 돌아갈 수 있게 되었다. 이때 천사가 헤롯대왕의 아들 아켈라오가 정권을 이어받아 더 강력한 이스라엘을 내세우고 있던 터라 예루살렘이 아닌 갈릴리 지방으로 갈 것을 권했다. 그리고 갈릴리 지방으로 가는 것이야 말로 나사렛에서 메시아가 나올 것이라는 예언이 실현되는 것이라고 언급한다(23절).

가버나움이 사역의 중심지가 되다

나사렛에서 사역을 시작하신 후에 예수님은 가버나움으로 가셨다. 나사렛에서 가버나움으로 이어지는 길은 농지길이었다. 예수님은 가는 길 곳곳에서 씨를 뿌리고 가꾸는 이들을 만나셨다. 그리고 드디어 예수님 갈릴리 사역으 중심지 가버나움에 도착하셨다. 예수님은 갈릴리 사역의 대부분을 이곳 가버나움에서 보내셨다(막 1:21). 가버나움은 신약성경에만 나타나는 유대인의 마을이다. 그런데 가버나움이라는 지명은 당시 많이 사용하던 헬라어가 아닌 히브리어 고유의 이름이다. 가버나움의 히브리어의 정확한 지명이 '크파르나훔(kparnahum)'인데 '크파르'는 '마을'이라는 뜻이고 '나훔'은 '위로받다'라는 뜻으로 '위로의 마을'이란 의미를 갖는다.

예수님의 사역은 가버나움이라는 이름이 갖고 있는 의미를 그대로 실현하는 것이었다. 예수님께서는 이곳 가버나움에서 사역을 시작하면서 갈릴리 유대인들과 함께 하셨고 그들의 영적인 혹은 육적인 문제들을 해결하셨다. 그렇다보니 갈릴리 유대인들은 예수님이 머물고 있던 가버나움으로 모여들기 시작했다. 그렇게 모여든 갈릴리 사람들은 예수님의 가르침과 기적의 치유로 회복되기 시작했고 또한 위로받을 수 있었다. 위로의 마을이란 뜻을 가진 가버나움은 결국 예수님께서 여신 사역 중심지였다.

예수님의 가버나움 사역은 그렇게 크게 부흥했다. 당시 갈릴리 사람들은 자신들을 돌보시며 가르치시는 예수님에게 크게 열광했다. 헤롯의 철권 통치아래 빈부 격차는 심해졌고 다양한 강제노역과 세금징수에 유대인들은

가버나움은 규모가 있는 어부들의 마을이었다. 예수님은 갈릴리 바다를 면하고 사람들이 많이 모여드는 이곳을 갈릴리 사역의 중심지로 삼으셨다.

점점 지쳐갔다. 유대인으로 태어난 그들에게는 사실 종교적인 의무까지 있었다. 그들은 일 년이면 세 차례 이상 예루살렘으로 올라가서 지켜야 할 절기들이 있었다. 예루살렘에 가면 성전에 바쳐야 하는 세금도 내야 했다. 무엇보다도 유대인들에게 가장 큰 어려움은 절기들을 지키기 위해 일상을 접은 채 몇 달씩이나 예루살렘에 가 있어야 하는 부담이었다. 삶의 안팎이 고단한 유대인들, 특히 갈릴리 유대인들은 고난의 중심에 있었고 사회의 가장자리에 있었다. 그들은 결국 종말의 메시아를 기다렸다. 그때 그들 앞에 예수님이 나타셨고 하루하루를 버티기 힘들었던 사람들은 가버나움의 예수님을 찾아왔다. 그들에게 예수님의 말씀과 사역은 이사야서 66장 22절의 "내가 지을 새 하늘과 새 땅이 내 앞에 항상 있는 것 같이 너희 자손과 너희

이름이 항상 있으리라"는 말씀의 실현이었다.

갈릴리 사람들을 제자로 선택하다

갈릴리 가버나움에서 사역하시던 예수님은 곧 제자들을 선택하셨다. 복음서가 말하는 것처럼 예수님은 세례 요한이 헤롯 안티파스에 의해 체포되자 마치 공식처럼 곧 갈릴리로 가서 거기서 제자들을 선택하셨다. 그리고 예수님은 제자들과 함께 가버나움 사역을 계속하셨다(마 4:12-20; 막 1:14-22). 특이하게도 예수의 제자들은 대부분 갈릴리 지방 출신으로 지극히 평범한 사람들이었다. 그들 가운데는 헤롯 왕조와 함께 이스라엘 사회의 주류 세력으로 활동했던 바리새파나 사두개파 출신도 없었고 지역적으로 행정, 종교, 정치의 중심이었던 예루살렘 출신도 없었다. 예수님의 십자가 길에서 위정자들은 정치적인 술수나 모사에나 어울리는 사람들이었다. 그들은 예수님의 십자가를 지고 따를 수 없는 사람들이었다.

예수님은 세미나와 심포지움을 위한 대상으로 제자들을 구하신 것이 아니다. 예수님께서 원하신 것은 예수님의 말씀을 듣고 그 말씀을 새겨 순종하고 말씀대로 살아가는 제자들이었다. 예수님은 몸으로 삶으로 당신의 가르침을 보여줄 사람을 더 필요로 하신 것이다. 예수님의 제자 선택의 방법이 그러했다. 예수님은 밤새 고기 잡느라 지쳐버린 그들에게 당신의 방식대로 고기를 잡도록 하셨다. 만일 생각이 많거나 꼼수를 부리는 사람이었다면

예수님은 갈릴리 바다가 보이는 언덕에서 제자들과 사람들을 가르치셨다. 사진은 예수님께서 가르치신 팔복을 기념하여 갈릴리 언덕에 지은 기념교회이다.

깊은 데로 가서 그물을 던져보라는 목수 예수의 제안을 무시해 버렸거나 웃음거리로 만들어 버렸을 것이다. 그러나 예수님의 제자가 될 수 있는 사람은 그런 사람이다. 실제로 베드로와 제자들은 예수의 말을 듣고 따랐다. 결국 예수님의 제자들은 세상의 권세자들이 보기에 한미하기가 짝이 없는 사람들로 이루어지게 되었다.

그러나 예수님은 그들을 특별하게 생각하셨다. 하나님 나라를 이룰 예수님의 제자들은 '베드로라 하는 시몬, 그 형제 안드레와 세베대의 아들 야고보와 그의 형제 요한, 빌립, 바돌로매, 도마와 세리 마태, 알패오의 아들 야고보와 다대오, 가나안인 시몬 및 가룟 유다' 등 열 두 사람이었다. 그들은 실제로 평생을 예수님과 그 복음을 위해 살았다. 베드로는 제자들 무리의 수

장으로서 로마에서 순교할 때까지 복음을 위해 헌신했으며 그의 동생 안드레와 빌립, 다대오와 바돌로매 등은 흑해 주변과 아르메니아 지역 복음화를 위해 헌신하다 순교했다. 마태는 저 멀리 인도에까지 복음을 전하기 위해 용감하게 나아갔다. 요한은 오랫동안 예수님의 어머니 마리아를 섬겼으며 소아시아 지역에서 죽을 때까지 교회의 신실하고 사랑 넘치는 지도자가 되었다. 이외에도 예수님에게 선택된 제자들은 하나같이 순교를 불사하는 순종의 길을 갔던 사람들이었다. 하나님께서 그들의 순교의 여정 위에 영광스런 교회를 세우시고 부흥하도록 하신 것은 당연한 일이었다.

치유하고 먹이고 살리다

갈릴리에서의 예수님의 사역은 한 마디로 선포와 치유가 병행하는 것이었다. 예수님 갈릴리 사역에서 가장 집중된 것은 하나님 나라를 선포하는 일이었다. 이 땅에 오신 예수님은 당신의 말씀과 삶으로 하나님 나라가 실현되고 있음을 선언하셨다. 그런데 예수님께서 말씀하신 하나님 나라는 단지 말씀만의 선언이 아니었다. 예수님께서는 하나님 나라 선포가 실제로 그 땅 갈릴리 사람들을 치유하고, 또 그들을 평안한 삶에서 인도하기를 원하셨다.

마가의 전언에 의하면 예수님께서는 하나님 나라를 선포하기로 하시고 제자들을 세우신 후 곧 가버나움으로 가셨고 그 곳에서 실질적인 치유와 회복의 사역을 하셨다. 그리고 그 곳에서 "더러운 귀신들린 사람"을 고치셨다.

갈릴리 타브하에는 예수님께서 오천명을 먹이신 기적을 기념하여 지어진 오병이어교회가 있다. 1936년에 지어진 베네딕트 수도원 내에 있는 이 교회에는 5세기 경 만들어진 물고기와 빵 그림 모자이크가 있다.

예수님께서 안식일에 그곳 회당에 들어가셨는데 그 곳에서 이 귀신들린 사람을 만나신 것이다. 예수님께서는 그를 보자 곧 "잠잠하고 그 사람에게서 나오라"고 외치셨다(막 1:25). 얼마 전 광야에서 악한 마귀의 시험을 이기신 예수님이 갈릴리에서 처음 만난 악한 영이었다. 적어도 마가에 의하면 예수님께서 갈릴리에서 처음 하신 일은 한 사람의 삶으로부터 악한 영을 몰아내시고 그 삶에 하나님나라의 평안을 심어주신 것이다. 예수님의 치유는 단회적인 사건으로 끝나지 않았다. 이번에 예수님의 발걸음은 가버나움 시몬과 안드레의 집으로 이어졌다. 그 곳에서 예수님께서는 시몬 베드로 장모의 병을 고치셨다(1:29~31). 같은 날 저녁 예수님 앞에는 모든 병자들과 귀신 들린 자들이 집합했다(32~34). 예수님께서는 그들 모두에게서 아프게 하는

예수님은 갈릴리 사람들의 삶의 한 복판으로 들어가 그들과 먹고 마시고 함께 울고 웃으며 하나님 나라를 전하셨다. 사진은 갈릴리 오병이어교회 앞에 남아 있는 올리브유를 짜는 방아이다.

귀신, 바른 정신을 갖지 못하게 하는 귀신들을 몰아 내셨다. 그들의 삶에 하나님의 바른 삶을 회복시켜 주신 것이다. 예수님의 갈릴리 사역은 한 마디로 악한 세력들에 의해 무너진 삶을 하나님 나라의 질서로 바르게 세우는 일이었다. 예수님은 악한 세력들이 지배하는 갈릴리 한 복판에서 그 악한 영들을 몰아내시고 그 땅에 참 평안을 가져오셨다.

갈릴리에서 예수님께서는 그들의 삶 속으로 들어가셨다. 예수님께서는 아파하는 이들과 함께 아파하고, 슬퍼하는 이들과 함께 슬퍼하셨다. 예수님께서는 하나님 나라는 멀리 있는 것이 아니라 이미 그들 가운데 있다는 사실을 직접 실행을 통해 증명하셨다. 예수님께서는 부자와 가난한 자, 남자와 여자를 구분하지 않으셨다. 창녀의 죄를 묻지 않았고, 혈우병을 앓는 여인을 고쳐주었으며, 가난한 여인의 간구에 응대하셨다. 배고픈 자들에게 먹을 것을 주었고, 죽어가는 자를 살려주었으며, 온갖 병으로 고통 받던 자들을 고쳐주셨다. 하나님 나라는 스스로 부요하다 여기는 이들을 위한 나라가 아니라 가장 작은 자들, 가장 낮은 곳에 있는 자들을 위한 나라이기 때문에, 예수님은 세상의 아픈 자들, 멸시당하는 자들, 배척받는 자들, 천대받는 자들과 함께 했다. '고치다' '깨끗하게 하다' '일으키다' '풀어 주다' 등 귀신 추방과 병 치료를 통해 당대의 갈릴리 약자들과 함께 하신 예수님의 사랑은 곧 하나님 나라의 오심이며 인간구원을 위한 하나님의 주권이었다. 그것은 구원의 길이며 하나님께로 나아갈 수 있는 길이었다.

확신의 길
요단강에서 갈릴리로

갈릴리, 이방의 땅

갈릴리는 오래전부터 이방의 땅으로 여겨졌다. 그 땅은 이미 바벨론 포로 이전부터 이방의 땅이었다. 이사야는 "전에 고통 받던 자들에게는 흑암이 없으리로다 옛적에는 여호와께서 스불론 땅과 납달리 땅이 멸시를 당하게 하셨더니 후에는 해변 길과 요단 저쪽 이방의 갈릴리를 영화롭게 하셨다"고 외쳤다(사 9:1). 이사야의 시대에 이미 갈릴리 지방은 "이방의" 땅으로, "고통 받던 자들"의 땅으로 "멸시"받던 땅으로 치부된 것이다. 그러나 이사야는 곧 그 땅에 살던 사람들이 메시아를 보게 될 것이라는 희망을 선포했다. 그는 "흑암에 행하던 백성이 큰 빛을 보고 사망의 그늘진 땅에 거주하던 자에게 빛이 비춘다"(사 9:2)고 외쳤다. 여기서 "큰 빛"은 곧 메시아를 가리킨다. 다윗의 계보와 베들레헴이 아닌 "사망의 그늘진 땅" 갈릴리에서 메시아가 나타날 것이라고 말하는 것이다.

사실 남부 산지 예루살렘에 비해 갈릴리는 제국 열강이 각축을 벌이는 장소였다. 스불론과 납달리 지파가 분깃으로 얻은 갈릴리 지방은 이스라엘 백성이 가나안에 들어가기 전부터 역사적 사건들의 중심에 있었던 것이다. 창세기 49장 13~15절에서 스불론과 납달리는 바다에 접해 있고 잇사갈은 아름답고 살기 좋은 땅으로 비쳐지지만, 그 땅의 비옥함 때문에 주변 세력이 침공할 것이며 그 땅의 사람들은 열강을 섬기며 살게 될 것이라고 말했다.

갈릴리는 비옥한 땅이다. 역사적으로 제국들과 열강들이 이 땅을 차지하기 위해 각축을 벌였다. 그래서 이 땅의 사람들은 항상 고통과 고난 가운데 있었다. 사진은 예수님께서 막달라 마리아를 만나신 갈릴리의 막달라(지금의 마그달) 전경이다.

결국 여호수아는 그렇게 열강의 관심이었던 갈릴리 지방의 주요 도시들을 점령하지 못했다(삿 1:27). 갈릴리의 원주민들은 비옥한 곡창지대 갈릴리를 이스라엘에게 내어 줄 수가 없었을 것이다.

이후 이스라엘 역사에서도 갈릴리 지방은 빈번한 전쟁터였다. 그러던 주전 733년, 갈릴리는 결국 앗수르 제국의 침공으로 북이스라엘 왕조가 붕괴되면서 그 잔인한 통치 아래로 편입되고 말았다. 앗수르 제국은 갈릴리 지방을 비롯하여 북이스라엘 땅 곳곳에 이방 문화와 이방 종교를 심었고 제국의 이방인들을 갈릴리 지방으로 이주시켰다. 앗수르 제국만이 아니었다. 바벨론, 페르시아 제국이 차례로 이스라엘 땅을 점령하고 통치하면서 갈릴리 지방은 더욱 "이방의 갈릴리"가 되어버렸다. 무엇보다 바벨론이 유대를 점령하면서 갈릴리는 처음 유대 땅으로부터 분리되었다. 본토에서 분단된 고립의 땅이 되어 버린 것이다. 사마리아가 들어서면서 상황은 더욱 심해졌다. 비록 많은 유대인들이 이곳 갈릴리에 와서 정착하고 살기 시작했다 하더라도 그 땅은 사람들의 인식에 여전히 "이방의 갈릴리"였다.

헬라와 로마 시절, 그 땅에는 헬라 사람들과 로마 사람들이 자기들의 편리대로 사는 도시들이 들어섰고 갈릴리 유대인들 바로 이웃에는 헬라와 로마의 신전들과 그들의 이방 문화가 버젓이 자리했다. 예수님 시절 예루살렘 유대인들의 "이방의 갈릴리"라는 생각은 더욱 심해졌다. 갈릴리는 더 이상 선한 것이 나올 수 없는 곳으로 여겨졌고 주류로부터 버림받은 이들의 거주 지역이 되어가고 있었다.

이방세계를 품다

예수님께서 어느 날 헬라 문화와 로마의 정치 경제적 중심지였던 가이사랴 빌립보(Caesarea Philippi)를 방문했다. 가이사랴 빌립보는 이스라엘의 가장 북쪽 끝에 위치한 지역으로 예루살렘으로부터 약 240킬로미터, 가버나움으로부터 약 70킬로미터에 있으며, 2814미터의 헐몬산 기슭에 자리 잡고 있다. 도시는 요단강의 발원지들 가운데 하나로 엄청난 물이 쏟아져 나오는 샘들도 많아 도시와 주변지역을 비옥한 땅을 만들어 주었다. 구약성서에서 나타나는 단(Dan)과 지리적으로 매우 가까운 곳이었다. 이 단은 아람제국(시리아)의 수도였던 다메섹과 두로 사이를 오가는 사람들의 중간 역참 같은 역할을 해왔다. 당연히 바알(Baal) 숭배가 유행하던 곳이었다. 후에 지어진 가이사랴 빌립보는 이 단으로부터 8킬로미터 북동쪽으로 떨어진 곳에 헤롯이 지은 도시였다. 헤롯과 그 아들 빌립은 이 도시를 건설하여 도시를 로마 황제에게 바치는 동시에 이스라엘, 시리아, 페니키아를 비롯하여 주변 이방세계와 소통하는 중심 도시로 만들었다. 말하자면 막대한 무역세를 거두어들이는 거점 도시를 만든 것이다.

물론 이 도시에는 이방신들이 있었다. 구약시대에는 바알이 이 지역의 주신이었다면, 신약시대 가이사랴 빌립보에는 판(Pan)이 주신이었다. 그리스 신이었던 판은 목양, 숲, 산지, 목동의 신으로 자연을 다스린다고 사람들은 믿었다. 사람들은 가이사랴 빌립보 한복판에 솟아오르는 요단강 발원 샘 위에 판 신을 위한 신전을 지어놓고 풍년을 기원하는 제사를 열었다. 판 신만

예수님은 이스라엘과 세상을 품고 구원으로 인도하시기 위해 나사렛에서 갈릴리 가버나움으로 구원의 여정을 시작하셨다. 사진은 오랫동안 순례자들이 걸었던 예수님의 길(Jesus' Trail)을 알려주는 표지석이다.

이 아니었다. 판 신전 옆에는 가이사 황제 신전과 그리고 제우스 신전이 함께 있었다. 결국 사람들은 늘 이 신전들이 즐비한 곳에 모여들었다.

예수님의 가이사랴 빌립보 방문은 의외의 사건이었다. 예수님은 공생애 동안 헤롯이 건설한 로마 도시들을 찾아간 적이 단 한 번도 없었기 때문이다. 사람들은 예수님께서 가이사랴 빌립보를 방문하신 후 가버나움을 거쳐 곧장 예루살렘으로 가셨다는 것에 주목한다. 이방인의 도시를 방문하신 길이 결국 마지막 길이 될 것이다. 예수님은 가이사랴 빌립보에서 갈릴리 사역을 마무리하셨고 이제 본격적으로 사역의 마지막 길, 십자가의 길을 가신 것이다. 한 가지 분명한 것은 예수님께서 가이사랴 빌립보 방문을 통하여 이방 세계조차도 품으시려는 목적을 드러내신 것이다. 그렇다 해도 왜 가까운 티베리아스나 찌포리 같은 곳이 아닌 가이사랴 빌립보였는지에 대해서는 의문이 사라지지 않는다.

　사실 예수님은 유대인뿐만 아니라 이방인들에게도 이미 소문난 인물이었다. 아마도 도시 사람들도 예수님에 대해서는 익히 들어 알고 있었을 것이다. 결국 예수님의 등장은 가이사랴 빌립보 사람들의 이목을 끌었을 것이다. 그런데 예수님은 그 곳에서 누구와도 대화하지 않으셨다. 오히려 예수

가이사랴 빌립보는 이제 폐허와 동굴 제사의 흔적만 남아 있다. 그러나 이 도시는 한 때 이스라엘과 시리아 사이에서 가장 번성하던 로마풍의 화려한 도시 가운데 하나였다.

님께서는 제자들과의 대화에 집중하셨다. 예수님께서 물으셨다. "사람들이 인자를 누구라 하느냐?"(마 16:13). 그러자 제자들은 "더러는 세례 요한, 더러는 엘리야, 어떤 이는 예레미야나 선지자 중의 하나라 하나이다."(14절)라고 대답했다. 예수님의 두 번째 질문은 제자들에게 정확한 대답을 요구했다. "너희는 나를 누구라 하느냐?"(15절). 이 때 제자들 중 베드로가 대답했다. "주는 그리스도시요 살아 계신 하나님의 아들이시니이다"(16절).

베드로의 고백은 예수님의 사역에서 단 한 번도 제기된 적이 없었던 '예수는 메시아'라는 선포였다. 베드로의 고백은 앞으로 펼쳐진 예수 운동의 핵심이자 본질이 되었다. 예수님의 가이사랴 빌립보 방문은 이방 세계와의 소통을 넘어 이방인과 이방 세계를 하나님의 나라 안에 품는 예수 운동의 신호탄이 되었다. 예루살렘의 시므온은 아기 예수의 정결예식에서 아기를 안고 하나님을 찬양하며 다음과 같이 기도했었다. "이는 만민 앞에 예비하신 것이요 이방을 비추는 빛이요 주의 백성 이스라엘의 영광이니이다."(눅 2:30-31). 이에 대해 이사야 예언자는 이미 예고했었다. "내가 붙드는 나의 종, 내 마음에 기뻐하는 자 곧 내가 택한 사람을 보라 내가 나의 영을 그에게 주었은즉 그가 이방에 정의를 베풀리라"(사 42:1). 우리는 이 이야기를 바울과 바나바의 회당설교에서도 들을 수 있다. "내가 너를 이방의 빛으로 삼아 너희로 땅 끝까지 구원하게 하리라"(행 13:47, 사 49:6).

이제 예수님을 통해 드러난 하나님의 나라 구원에 이르는 길이 유대인에게만 주어진 특권은 아니다. 할례와 유대 의식법 등 토라를 지킴으로 구원

받는다거나 예루살렘 성전에서 종교적 의무를 다함으로 구원받는다는 유대교의 특권을 넘어서게 되었다. 구원은 오직 예수 그리스도를 믿음으로 얻는 하나님의 은혜라는 사실이 이방인에게도 유효하게 되었다. 이때로부터 예수님은 가이사랴 빌립보와 데가볼리 지방에서 하나님 나라를 선포하면서 유대인도 이방인도 모두 하나님의 말씀을 듣고 따르는 하나님의 백성이 되어야 한다고 가르쳤다. 그렇게 구원은 예수가 메시아라는 사실을 믿는 모든 사람에게 개방된 하나님의 은혜의 선물이 되었다.

데가볼리의 기적

데가볼리(Decapolis)는 갈릴리 호수 동편, 요단강의 동편산지에 흩어져 있던 10개 주요 로마도시들의 연합 지역을 가리킨다. 로마 역사가 플리니(Pliny the Elder)에 따르면 데가볼리는 열 개 도시 동맹이자 동시에 로마의 속주인 도시들을 가리키는 이름이었다. 플리니가 명시한 데가볼리 도시는 요단 서편의 스키토폴리스(Scythopolis), 그리고 요단 동편의 빌라델비아(Philadelphia), 라바나(Raphana), 히포스(Hippos), 디온(Dion), 펠라(Pella), 가나다(Canatha), 거라사(Gerasa), 가다라(Gadara), 다메섹(Damascus) 등이었다.

데가볼리 도시들은 주전 331년 마케도니아의 알렉산더가 유대와 시리아를 점령하면서 곳곳마다 건설되었고 헬레니즘을 표방한 도시들이었다. 그러다 주전 64년 폼페이가 이 지역을 다시 평정하면서 데가볼리 동맹을 형성하게 되고 후에는 팍스 로마(Pax Roma)의 전략적인 지역으로 발전하게 된다. 데가볼리는 이미 형성된 헬라문화를 바탕으로 하면서도 로마의 법과 제도를 준수하는 자치 지역이 되었다. 데가볼리 도시들은 자치권에 따라서 각각의 의회를 갖고 있었고 화폐의 주조권, 독립적인 재판권. 개인 재산권을 갖고 있었다. 로마시대 데가볼리는 결과적으로 헬라시대보다 더욱 화려해졌고 더불어 실용적인 패턴으로 발전했다. 로마식 도로들 즉, 남북의 카르

데가볼리는 요단강 건너편에서 번성하던 헬라풍 도시들의 연합체이다. 사진은 지금도 그 화려함의 극치를 엿볼 수 있는 데가볼리 도시 가운데 하나, 제라시 유적지의 풍경이다.

도(Cardo)와 동서의 데쿠마누스(Decumanus)가 만들어지면서 그 중앙광장(Forum)에는 거대한 시장, 원형경기장, 극장, 목욕탕, 신전, 도수교 등 로마의 황제 도시들이나 갖는 로마의 상징들이 가득 들어찼다.

로마의 데가볼리 헬라도시들에 대한 통치는 각별했다. 그리스에서 로마는 헬라인과 도시들에게 정복자 혹은 압제자로 군림하려고 했다. 그러나 데가볼리를 비롯한 아시아 지역의 헬라도시들에 대해서 로마는 매우 정중한 동맹 관계를 형성했고, 때로는 그 도시 헬라문화의 수호자를 자처했다. 주전 31년 악티움 해전에서 안토니우스와 클레오파트라를 이긴 옥타비아누스는 자신에게 이익이 되는 헤롯 왕조에게 열 개 도시 가운데 두 개, 히포스와 가다라를 넘겨주었다. 로마가 주었다고는 하나 그것은 어디까지나 유대인이나 아랍인들의 자유 거주를 허락하고 그곳에서의 상업 행위를 용납한 것뿐이다. 여전히 유대인들이 로마 통치 지역에 거주한다는 것은 쉬운 일이 아니었다. 특히 문화종교가 너무 달랐기 때문에라도 유대인들의 이 도시 거주에는 많은 제약이 따를 수밖에 없었다. 당시 로마인들은 오늘날처럼 일요일 같은 휴일이 없었다. 그들은 국가 종교 기념일 외에는 매일 일을 했다. 그에 반해 유대인들은 매주 금요일 오후부터 토요일 오후까지 안식일을 지키며 일을 전혀 하지 않았다. 또, 유대인들은 돼지고기라든가 비늘 없는 생선 등은 먹지도 않고 가까이 하지도 않았다. 반면에 대부분이 헬라인이나 로마인이었던 데가볼리 사람들이 이 지역에서 돼지를 기르고 먹었던 것은 당연했다.

예수님께서 갈릴리에서 사역하실 때, 이례적인 행동을 하신 적이 있다. 배를 타고 갈릴리호수를 건너 반대편 이방인의 지역인 데가볼리 지방을 가신 것이다. 공관복음서는 모두 예수님의 이 데가볼리 사역을 언급하고 있다 (마 8:28; 막 5:1; 눅 8:26-27). 배를 타고 데가볼리 지방으로 가신 예수님은 거기 거라사, 혹은 가다라에서 귀신에 사로잡힌 사람들을 만나셨다. 예수님은 곧 귀신을 쫓아내며, 그 귀신을 돼지 떼에 들어가게 하셨다. 동네가 발칵 뒤집어졌다. 아까운 돼지떼가 호수에 수장된 것도 문제이지만 자신들의 주

갈릴리 가버나움 건너편의 가다라는 데가볼리의 번성하던 도시 대열의 끝자락에 있었다. 예수님께서는 이 지역에 오셔서 군대(region)라는 귀신에 들린 사람을 고치시고 그들을 구원의 길로 인도하셨다.

1부 예수의 길 71

식인 돼지가 귀신들에게 사로잡혀버렸다는 것도 그들에게는 두려운 일이었다. 결국 거라사의 사람들은 예수님 더러 그 곳을 떠나 달라고 요청하기에 이른다.

예수님의 거라사 사역은 확실히 이쪽과 저쪽 경계를 넘어서는 사역이었다. 예수님의 거라사 사역은 확실히 그 쪽마저 품으시는 사역이었다. 건너편 거라사로 가시면서 예수님께서는 "우리가 저편으로 건너가자"고 말씀하셨다(막 4:35). 당시 갈릴리 호수 주변에 살았던 유대인들에게 저편(the other side)은 이방인의 쪽 즉, 데가볼리였다. 그리고 데가볼리는 이교적이고, 우상을 숭배하는, 정결치 못한 땅이었다. 무엇보다 유대인들이 상종하지 않는 사람들이 사는 곳이었다. 반면에 '이편'은 유대적이고, 정결하고(kosher), 종교적으로 정당한 곳이었다. 결국 예수님께서 저편으로 가자고 하신 것은 "나는 저 이방인들 마저 복음으로 품으로 한다."는 의지의 천명이며 그 실현이신 것이다.

확신의 길에 선 예수

예수님께서 가이사랴 빌립보와 데가볼리 지방을 방문한 것을 사람들은 '예수의 전향'이라고 말하기도 한다. 이것은 배타적인 유대주의를 넘어 포용적인 예수운동으로의 변화였다. 하지만 예수님의 이방인 사역은 구약성서에서 예언했던 예언의 성취였다. 주후 1세기 유대인들은 하나님의 나라와 그의 통치를 사유화해버렸고 하나님의 말씀을 토라와 종교적 의식법 안에 가둬버리고 배타적 유대주의를 형성해버렸다. 성서는 그러나 하나님의 나라, 그의 통치, 그리고 그의 말씀이 특정한 민족이나 특정한 땅에 속한 것이 아니며 누구도 그 소유권이나 사유권을 주장할 수 없는 것이라고 가르치고 있다. "토지는 다 내 것임이니라 너희는 거류민이요 동거하는 자로서 나와 함께 있느니라"(레 25:23). 이 땅 뿐만 아니다. 하늘도 바다도 다 하나님의 것이다. "땅의 깊은 곳이 그의 손 안에 있으며 산들의 높은 곳도 그의 것이라 바다도 그의 것이라 그가 만드셨고 육지도 그의 손이 지으셨도다"(시 95:4-5).

그러나 안타깝게도 역사 속에서 땅은 늘 어느 편의 주인이 있었다. 성서의 땅 역시 이집트, 앗수르, 바빌론, 페르시아, 헬라, 로마 등 거대한 제국의 세력들이 그 땅을 자기들의 소유로 삼았고 그 땅의 백성을 고통으로 몰아넣었다. 예수 당시 이스라엘 땅 역시 그랬다. 전체적으로는 로마제국이 그 땅의 주인행세를 했으며, 다시 그 땅은 헤롯 일가들에 의해 경계나 나뉘어졌다. 정치적인 분할뿐이 아니었다. 성서의 땅은 경제적으로나 문화적으로 그리고 민족과 종교적으로 찢겨졌고 경계석이 세워졌다. 누구도 그 경계석을 넘어 함부로 '저편'에 갈 수 없었다. 그것은 금지조항이거나 금기시하는 것이거나 둘 중 하나였다.

이편과 저편을 가르는 행동은 유대인들도 예외는 아니었다. 유대인들이 자주 쓰는 '이방인'이라는 말은 원래 '민족'이란 의미를 갖는다. 하나님께서 아브라함에게 약속하면서 "내가 너로 큰 민족을 이루고 네게 복을 주어 네 이름을 창대하게 하리니 너는 복이 될지라"(창 12:2)고 했을 때 "민족"이란 히브리어가 '고이'(goy)이다. 그런데 이 '고이'는 후에 유대인과 이방인을 구별하기 위한 유대적 관용어(Jewish idiom)로 변질되었다. 유대인들이 자신들과 다른 민족을 구별하기 위하여 사용했던 것이다. 예수님 시대 유대인들은 이 관용적 표현을 심지어 율법을 모르는 같은 유대인들, 창녀, 세리, 탕자, 병든 자, 갈릴리 사람들에게도 사용했다. 같은 유대인이라도 율법을 모르는

예수님의 하나님 나라 운동은 들에 수도 없이 피는 겨자씨 밭과 같았다. 당대 사회의 많은 이들이 예수님의 길을 따랐다. 사진은 다볼산이 보이는 평지의 겨자씨 밭이다.

자들과 이방인들을 모두 '죄인'으로 낙인찍어 유대 사회로부터 소외시키고 체제 밖으로 밀어냈던 것이다.

그런데 예수님은 소외되고 밀려난 유대인들과 이방인들을 찾았다. 예수님께서 "나는 의인을 부르러 온 것이 아니요 죄인을 부르러 왔노라"(막 2:17). 그리고 "수고하고 무거운 짐 진 자들아 다 내게로 오라 내가 너희를 쉬게 하리라"(마 11:28)고 말했을 때, 과연 "죄인"과 "수고하고 무거운 짐 진 자들"은 아마도 유대인들이 이방인이라 취급한 사람들이었을 것이다. 예수님께서는 이방인으로 치부되었던 맹인, 못 걷는 사람, 나병환자, 못 듣는 자, 가난한 자에게 하나님의 나라와 그 말씀을 전해주었고 그들은 예수를 따랐다. 예수를 본받아 따르는 "무리들" 가운데 소외된 유대인이나 이방인들은 곧 예수의 하나님 나라 운동에 동참하기 시작했다. 예수를 따르는 길은 하나님 나라에 이르는 확신(confidence)의 길이었으며, 누구도 그 길을 막아설 수는 없었다. 그들만의 제도와 체제로 경계를 지었던 로마 조차도 예수님의 길을 막을 수 없었다.

예수님의 이방 도시 방문과 사역은 인간의 경계를 넘나드는 거침없는 행보였다. 세속의 권위와 권력으로 군림하는 주인은 중요한 것이 아니었다. 하나님의 통치라는 명분만으로 충분했다. 결국 예수님이 갈 수 없는 땅은 없으며, 만날 수 없는 사람은 없다. 결국 그들 즉, 로마와 유대인들은 예수의 길을 그대로 내버려 둘 수 없었다. 누구보다도 전통적인 유대주의를 고집하던 바리새인들과 사두개인들은 예수와 그를 따르는 무리들을 두려워했다. 예수의 길은 모세 오경으로 율법주의를 내세우는 당시 유대교의 길과 너무 달랐다. 무엇보다 율법에 의한 형식주의를 배격하며, 율법의 본질이었던 하나님 나라에 이르는 확신의 길이라는 차원에서 그랬다. 유대교의 위계와 가치 질서를 무너뜨린다고 판단한 바리새인들과 사두개인들은 예수의 길을 하나님을 모독하는 길이라고 호도하며 심지어 예수를 죽이려고 음모를 꾸미기 시작했다. 이렇게 메시아로 이 땅에 온 예수의 길은 십자가의 길로 나아가고 있었다.

생명의 길
갈릴리에서 예루살렘으로

이는 누구인가

유대인들은 예수님의 실체를 전혀 알지 못했다. 3년의 공생애를 통하여 수많은 기적과 말씀으로 예수 자신을 드러냈지만 유대인들은 끝내 그가 누구인지 알지 못했다. 결국 유월절의 절기를 지키기 위해 예수님께서 나귀를 타고 예루살렘을 입성할 때 많은 사람들이 달려 나와 그를 환영했지만 그 환영 인파 가운데 누구도 예수님이 진정 누구인지에 대해서는 알지 못했고 관심도 없었다. 결국 세상이 예수님을 품은 것이 아니라 예수님께서 세상을 품으신 것이 옳은 것이다. 그래서 주후 2세기경 오늘날 프랑스 리옹에서 사역했던 이레네우스(Irenaeus, 135-202년)는 예수님에 대해 '포용성과 유일성'을 중심으로 설명했다. 가장 연약한 갓난아이로 이 땅을 찾아와 인류의 모든 계층과 인종들을 사랑했던 그 포용성과 예수만이 하나님께 이르는 길이요 진리며 생명이어서 하나님의 구원을 받을 수 있는 유일한 통로임을 말한 것이다.

유월절이 다가오자 예수님은 예루살렘으로 올라가기로 하셨다. 마지막 여행을 준비하신 것이다. 그 마지막 여행에는 나귀가 동반되었다. 감람산을 넘어 예루살렘으로 가는 길에 있는 작은 마을 벳바게에서 나귀 한 마리를 대여하시고 그것을 타고 예루살렘에 들어가신 것이다. 이 때 예수님께서 벳바게에서 나귀를 타신 이유는 따로 있었다. 구약성서에서 메시야가 올 때 감람산에서 나귀를 타고 예루살렘으로 입성할 것이라고 말했기 때문일 것이다(슥 9:9, 14:4).

예루살렘 사람들은 나귀를 타고 예루살렘으로 입성하는 예수님을 열렬히 환영했다. 선지자의 예언이 현실의 쇼처럼 나타나자 사람들은 열광한 것이다. 그 때 무리들과 함께 환영하던 사람 하나가 옆 사람에게 갑자기 이렇게 물었다. "이는 누구냐"(마 21:10). 그러자 몇몇 사람들이 "갈릴리 나사렛에서 나온 선지자 예수라"(11절)고 대답했다. 일단은 흥미로운 질문과 대답이다. 한 쪽은 선지자의 예언이 재현되는 흥미로운 사건에 이끌려 거리로 나왔다. 다른 한 쪽은 그 시끄러운 상황에서 그의 표면적으로 드러난 사회적인 지위를 파악하고 있었다. 일단 중요한 것은 나귀를 타고 예루살렘에 입성하시는 예수를 맞이하는 예루살렘 사람들에게 그 분이 누구인지는 사실 중요하지 않았다는 것이다. 사실 이 질문과 대답에서 우리는 예수가 누구인지에 대한 명료한 답을 얻지 못한다. 사실이 그랬다. 예수님을 따르던 제자

지금도 마찬가지지만 예수님 시대 예루살렘은 복잡하고 시끄러운 도시였다. 많은 이들이 평화를 얻기 위해 도시를 방문했으나 도시는 평화는커녕 슬픔만 안겨주기가 일쑤였다. 예수님께서는 그래서 감람산 언저리에서 예루살렘을 바라보시며 눈물을 지으셨다.

들이나 가족들조차도 그가 누구였는지를 몰랐던 상황을 이해하면, 호기심에 휩쓸려 구경 나왔던 사람들이 예수가 누구인지를 모르는 것은 당연한 일인지도 모른다. 예수님의 정체를 아는 것은 매우 드문 일이다. 한 번, 여리고에서 소경 바디매오가 예수를 '다윗의 아들 예수여 나를 불쌍히 여겨주소서'라고 외치는 가운데 예수님의 정체를 적시한 경우가 있었다.

다시 이야기로 돌아오자. 예수님의 예루살렘 입성 길에서 어떤 사람이 '갈릴리 나사렛에서 나온 선지자 예수'라고 답한 것은 예수를 메시아로 이해하지 못한 대답이었다. 그가 만일 예수를 메시아로 이해했다면 '갈릴리 나사렛에서 나온 선지자 예수'란 말보다는 '유대 베들레헴 출신 다윗의 아들 예수'라고 대답해야 할 것이다. 그가 정통한 유대인이라면 메시아가 다윗의 자손에서 나와야 하고, 베들레헴 출생이어야 한다는 것을 알고 있을 테고 예수를 메시아라고 여긴다면 베들레헴 출생이며 다윗의 자손이지만 갈릴리에서 활동한 사람이라고 대답해야만 한다. 그런데 그는 단순히 '갈릴리 나사렛'이라고만 했다.

예루살렘의 군중들 가운데 이 사람의 대답을 들은 사람들은 아마도 적지 않게 놀랐을 것이다. 나귀를 타고 예루살렘을 들어오는 메시야 이벤트를 열었는데 그 주인공이 갈릴리 출신이라니 가당치 않은 말이기 때문이다. 우리는 이미 갈릴리가 어떤 지역인지에 대해 잘 알고 있다. 그곳은 예루살렘과 대척점을 이루는 지역이며 성전과 멀리 떨어진 이방 지역이었다. 예루살렘 사람들에게는 유대인이면서 유대교를 모르는 이방인들이 사는 지역이었던 것이다. 거기다가 나사렛은 더욱 한미했다. 갈릴리 지역에서 나사렛은 다른 도시들보다 유독 보잘 것 없는 마을이었다. 인구는 겨우 100~150여명에 불과했고, 대부분이 소작이나 작은 기술을 가지고 살아가는 자그마한 마을이었다.

그 갈릴리 출신이라는데, 이번에는 그를 가리켜 '선지자'라고 칭한다. 쉽게 말하면 지금 나귀를 타고 예루살렘에 입성하는 그 사람은 메시아가 아니라 앞으로 오실 메시아를 전하는 선지자일 뿐이라는 말이다. 당대에도 갈릴리 지역에서 활동하는 소위 선지자들은 많았다. 하지만 갈릴리의 선지자에 대한 인식은 그리 곱지 않았다. 이상한 행동을 하며 사람들에게 엉뚱한 예언이나 비성서적 혹은 반성서적 내용으로 예언하는 거리의 마술사처럼 취급받았기 때문이다. 예루살렘 성전을 중심으로 활동했던 선지자들은 지성과 영성을 겸비하고 왕에게 맞설 만큼의 실력을 갖춘 자들이었지만, 갈릴리의 선지자들은 정반대였다. 지금 벳바게에서 예루살렘성에 이르는 동안 사람들이 수군거리며 떠들어대는 내용은 '갈릴리 저작거리에서 대단한 화제거리를 몰고 다녔던 예수라는 작자가 이제 유월절을 맞이하여 예루살렘을 찾았구나'라며 생각했을 것이다. 환영 인파 속 예수님, 메시아 예수님은 지

사람들은 예루살렘에서 평화를 얻기를 희망한다. 그러나 예나 지금이나 예루살렘을 통해 평화를 누리는 일은 쉽지 않다. 현재 예루살렘으로 들어가는 가장 화려한 문은 북쪽으로 나 있는 다마스커스 문이다.

금 그 어떤 실질적 정체 파악도 못하는 대중들 틈을 고요히 나귀를 타고 지나고 있다.

유대 집권자들과 마주하다

마태복음 21장 10절이 말하는 예수님의 예루살렘 입성은 마태복음 21장 10절에는 단연 독보적인 의미를 드러낸다. 마태의 전언에 "예수께서 예루살렘으로 들어가시니" 할 때 이 '들어가다'라는 말이 그렇다는 말이다. '들어가다'는 표현은 예루살렘에서 곧 엄청난 일이 일어날 것이라는 예고를 하려는 의도가 있다. 그 헬라어 말 자체가 그렇다. 그 다음 어떤 큰 사건을 예고하려는 의도의 표현이다. 실제로 그랬다. 예루살렘은 지금 나귀를 타고 들어가는 나사렛 출신 젊은이 때문에 큰 소동이 일어나게 될 것이었다. 마태가 전하는 "예수께서 예루살렘으로 들어가시니"는 분명 예수운동의 최고 절정을 드러내는 상징어이다.

안타깝게도 예루살렘은 이제 바벨탑처럼 변질되어 버렸다. 이제 더 이상 하나님을 향해 마음을 터놓고 기도할 수 있는 하나님의 집이 아니었다. 그 집은 로마제국과 헤롯 왕조에 억눌려 살아가던 사람들에게 더 이상 희망이 될 수 없었다. 예루살렘 성전과 가장 가까운 거리에 있었던 총독 관저와 법정, 그리고 감시탑은 성전의 현재 실존적 모습을 그대로 보여주는 상징과 같았다.

한 때 예루살렘의 성전은 희망이 되기도 했다. 주전 167년 헬라 사람들에 의해 예루살렘 성전이 훼손되었을 때, 예루살렘 사람들이 아닌 조그마한 지방의 제사장이 자신의 아들들과 함께 의병을 일으키며 헬라 세력을 몰아냈고 성전 예배를 다시 회복했던 적이 있었다. 하지만 그 때 뿐이었다. 지금의 예루살렘은 다윗의 약속을 실현하기 위한 진정한 구원의 가치를 찾기 보다는 권력을 향한 탐욕의 도시로 변질되었다. 예루살렘은 이제 평화를 위한 빛의 도시가 아니라 어두움의 도시가 되어버렸다. 바로 이 때 예수의 예루살

예수님 시대 예루살렘 성전은 이두메 사람 헤롯이 제사장 천 명을 동원하여 지은 것이다. 사진은 예루살렘 히브리 박물관에 복원된 예수님 시대 예루살렘 전경이다.

렘 입성은 어두움의 땅에 빛을 가져오신 사건이었다. 예수 운동은 빛의 자녀들을 회복하며 약속의 실현이었다.

예수님은 예루살렘의 현실을 잘 알고 계셨다. 그래서 십자가 죽음이 예고된 도시 예루살렘에 들어가는 즉시 예수님은 저항의 목소리를 높이셨다. 어떤 바리새인이 "선생이여 당신의 제자들을 책망하소서"라고 하자 예수님께서는 곧 "만일 이 사람들이 침묵하면 돌들이 소리 지르리라 하시니라"고 말씀하신 것이다(눅 19:39~40). 이런 식의 충돌은 요한복음에서도 발견된다. 예루살렘 입성 현장에서 바리새인들과 충돌하는 장면이다. 요한은 그 때 바리새인들의 반응을 이렇게 기록했다. "나사로를 무덤에서 불러내어 죽은 자 가운데서 살리실 때에 함께 있던 무리가 증언한지라 이에 무리가 예수를 맞음은 이 표적 행하심을 들었음이러라 바리새인들이 서로 말하되 볼지어다 너희 하는 일이 쓸 데 없다 보라 온 세상이 그를 따르는도다 하니라"(요한 12:19).

예루살렘 성전은 확실히 그 모든 변질의 온상이었다. 고대로부터 유대인들은 예루살렘 성전으로 올라오는 전례를 지켜왔다. 예수 시대에는 유월절, 칠칠절, 초막절, 신년, 대속죄일 등 다섯 번 있던 축제 때 전 세계에 흩어져 있는 디아스포아 유대인들까지도 예루살렘 성전으로 오게 했다. 예루살렘 성전 중심의 야훼 신앙은 오직 예루살렘 성전에만 야훼가 존재한다는 이데올로기화된 신앙으로 변질되었다. 매번 예루살렘 성전을 찾을 때마다 일터를 떠나야만 했기 때문에 유대인들의 경제적인 타격은 대단했을 것이다. 게

다가 아무리 경제적인 어려움을 겪는다 하더라도 성전을 찾아오는데 빈손으로 올 수 없었다. 성전세를 반드시 가지고 가야만 했기 때문이었다. 돈이 모일 수밖에 없는 예루살렘 성전은 그래서 성전의 권력을 쥐고 있던 사람들에게 엄청난 부를 축적할 수 있는 특권을 만들어주었고 정치적 권력의 권모술수가 넘쳐나는 정권유착의 온상이 되었다. 그리고 성전의 운영권은 사두개파와 대제사장에게 있었다. 그들의 권한은 종교적 권력에만 국한되지 않고 예루살렘을 중심으로 하는 유대 사회 정치와 경제 사회적 기득권을 형성했다.

결국 예수님은 곳곳에서 예루살렘의 위정자들 및 그들의 추종자들과 충돌하셨다. 특히 성전에서의 충돌은 대단한 것이었다. 예수님은 성전으로 가셔서 성전에서 장사하는 이들을 내쫓으셨다. 성전의 이방인들을 위한 뜰에서 제물을 위해 장사하는 사람들을 보시고 그들을 내쫓으신 것이다. 성전 장사는 돈을 들고 와서 자신의 제물을 사려는 사람들을 위한 것이었다. 먼 거리를 제물을 끌고 오는 일이 불편하니 예루살렘 가까이 와서 제물을 사는 것이 훨씬 편리한 방법이었다. 예루살렘 중에서도 성전 내에서 물건을 사는 것은 훨씬 유용한 방법이 되었다. 문제는 그 장사터가 이방인들이 와서 예배를 드리는 공간이라는 것이었다. 예수님은 분노하셨다. 곧 그 장사치들을 성전에서 내모시고는 하나님의 성전은 "만민이 기도하는 집"이라 외치셨다(막 11:15~19).

예수님의 성전 정화는 당대 예루살렘 사람들에게 큰 충격이었다. 성전에

예루살렘 성전이 있던 자리에는 지금 이슬람 황금돔 사원이 있다. 현대 유대인들은 성전에는 들어가지 못한 채 옛 헤롯 성전 유적이 남은 벽에 서서 기도를 드린다.

서 장사하던 사람들은 특히나 당황했다. 그들은 곧 그들의 뒷배를 봐주는 성전의 높은 관리들과 제사장들 그리고 그들에게 물건을 대주는 예루살렘 주변 농장 주인들에게 가서 하소연했다. 그들은 공분했다. 그들의 주요한 경제적 이익의 수단이 방해를 받았기 때문이다. 예수님께서 성전을 정화하신 사건은 단순한 성전 청소가 아니었다. 그것은 당대의 썩어빠진 종교적 위선들에 대한 도전이었다. 종교를 뒤엎고 장사하는 무리들만 바빠진 것이 아니었다. 성전 정화 얼마 후 예수님께서 지적하신 과부의 두렙돈 문제는 그동안 예수님의 권위 있는 가르침에 대해 저항 한 번 못하던 바리새인들과 사두개인들의 심기를 크게 건드렸다. 바리새인들과 사두개인들은 유대교의 가장 대표적인 종파로 포로 이후 헬라가 지배하던 주전 2세기경에 생긴 종파들이었다. 그들은 신약과 구약성경의 중간 시대였던 하스모니안 왕조(주전 140-37년)에서 처음으로 등장했다. 그들은 곧 유대사회 최고 권위있는 회의 산헤드린을 양분하여 장악했다. 그리고 서로 으르렁 거리며 싸웠다. 그런데 사두개인과 바리새인으로 대별되는 최고 회의 산헤드린이 지금 바빠졌다. 그들 모두의 공적 예수님 때문이었다. 그들은 예수를 대적할 때에야 비로소 힘을 합쳤다. 그들은 곧 예수에 대한 정보를 모았다. 그리고 분석했다. 그를 제거하여 영원히 예루살렘에서 사라지게 할 방법을 찾기 시작했다.

이제 예수님은 점점 구석으로 몰리셨다. 그러나 예수님은 멈추지 않으셨다. 예루살렘으로 대표되는 세상의 죄는 만천하에 드러나야 했다. 그리고 그 죄는 예수님이 십자가에 지고 가실 터였다. 예수님은 한편 성전의 동쪽에 위치한 감람산으로 가서 성전을 바라보며 눈물을 흘리며 성전 멸망을 예고하기도 하셨다. "내가 진실로 너희에게 이르노니 돌 하나도 돌 위에 남기지 않고 다 무너뜨려지니라"(마 24:2).

고난의 길을 결단하다

예수님의 예루살렘에서의 마지막 행적은 다락방에서 시작 된다. 예수님께서는 제자들에게 마지막 식사 준비를 부탁하셨다. 제자들은 예수님의 말씀을 따라 마가라 불리는 한 젊은이의 집 다락방에서 식사를 준비했다. 이

집은 예수님 당시 예루살렘 가운데 윗 도시라 불리는 지역에 있었다고 여겨진다. 이 지역은 오래전부터 시온산이라 불리는 지역이었다. 제사장 그룹이나 산헤드린 그룹들을 비롯하여 대체적으로 부유한 지도층들이 모여 사는 곳이었다. 다윗의 영묘가 있었고 또 헤롯의 궁전이 있었다. 결국 예수님께서 빌리신 최후의 만찬 장소는 협소하거나 비천한 곳이 아니었다. 어느 정도 여유로운 공간, 사람들이 둘러 앉아 대화하며 식사를 할 수 있는 널찍한 공간이 있는 집이었다.

예수님께서는 이 집에서 마지막 유월절 식사를 하셨다. 요한의 기록에 의하면 예수님께서는 이날 밤 제자들의 발을 씻겨 주시며 당신이 함께 하지 못하는 사이 서로 섬기며 사랑하는 가운데 결속하라고 말씀하셨다. 예수님께서는 제자들과의 마지막 상징적인 만찬 후 오랫동안 제자들을 가르치셨다. 하나님 안에서 예수님 자신과 더불어 더욱 서로 하나가 되어야 한다는 권면과 성령의 약속, 그리고 세상이 그들을 핍박하리라는 문제, 그런 가운데서도 세상 가운데서 본을 보이는 삶으로 세상을 이기며 증인이 되라는 권면 등이었다. 한결같이 남겨지는 제자들에 대한 걱정과 더불어 메시아 사역이 흔들림 없이 계속되어야 한다는 설득이었다.

예수님께서는 제자들과 더불어 진지한 시간을 가지신 후 겟세마네로 가셨다. 예루살렘 동편, 기드론 골짜기를 약간 벗어난 곳, 감람나무 산 아래 올리브나무들이 심겨있고 올리브유를 짜는 틀이 있던 이 작은 동산에서 예수님께서는 기도하셨다. 이 동산은 예수님께서 예루살렘에 오셨을 때마다 기

예수님은 체포되신 후 예루살렘 곳곳에서 권력자들을 상대하셨다. 그들은 때로 예수님을 비난하기도 하고 조롱하기도 했으며, 결국은 예수님을 십자가에 못 박도록 했다. 사진은 헤롯의 예루살렘 왕궁 유적이다.

도하셨던 곳이었다(눅 22:39). 갈릴리에서도 그러하셨던 것처럼 예루살렘에서도 예수님은 한적한 곳, 광야(eremos)를 찾으셨고 그 곳에서 하나님과 대화하셨다. 예수님의 기도는 일종의 결단의 기도였다. 한 인간으로서 예수님은 앞으로 닥쳐올 고난의 여정이 쉽지 않으리라는 것을 잘 아셨다. 아니 매우 견디기 힘들 것임을 아셨다. 그래서 예수님은 하나님께 탄원했다. 예수님은 땀이 피같이 쏟아지는 간절한 기도를 이렇게 드렸다. "아버지여 만일 아버지의 뜻이거든 이 잔을 내게서 옮기시옵소서 그러나 내 원대로 마시

옵고 아버지의 원대로 되기를 원하나이다"(눅 22:42).

예수님은 결국 최종적으로 결단하셨다. 어둠이 가득한 올리브나무 동산에서 예수님은 세상을 변화시킬 강력한 힘의 근원, 사랑의 십자가를 지고 당신의 피조물들을 위해 죽기로 최종적인 결단을 하셨다. 예수님은 앞으로 당신이 직면하게 될 모든 인간적 고난과 고통을 예측하셨다. 그리고 그 모든 고통의 과정 끝에 하나님의 세상 죄를 향한 승리가 있을 것을 확신하셨다. 마지막으로 예수님께서는 함께 기도하러 간 제자들을 향해서 이렇게 말씀하셨다. "이제는 자고 쉬라 그만 되었다 때가 왔도다 보라 인자가 죄인의 손에 팔리느니라"(막 14:41).

예수님이 이 땅에 오셔서 고난의 길을 걸어가신 것은 한 마디로 놀라운 사건이다. 예수님께서 지신 십자가 사건은 결국 이 땅에 하나님 나라를 이루는 놀라운 변혁이었다. 그 어떤 인간의 노력과 정성으로도 이룰 수 없는 참 진리와 평안의 삶이 예수님을 통해 열리게 된 것이다. 인간의 삶은 더 이상 이성과 합리성이 창출하는 자가당착적 폐쇄의 한계에 갇혀 있는 현실이 아니다. 예수님의 십자가 사건으로부터 세상은 변화하여 모든 것이 하나님과의 관계에 의해 결정되는 역동적인 현실을 보게 될 것이다. 이제 인간은 예수 그리스도를 통하여 하나님께 자유롭게 나아갈 수 있게 되었고 하나님을 닮아갈 방도를 알게 되었다. 인간의 이성을 통한 인간이해, 그래서 매번 슬프고 절망스러우며 희망이 없는 자기 이해가 아니라, 하나님을 통한 인간이해 즉, 무한한 가능성과 희망의 문이 열리는 신학적 인간이

해가 가능하게 된 것이다.

비아 돌로로사

예루살렘에서 예수님께서 마지막 걸으신 길은 고난과 고통, 죽음의 길이었다. 감람산에서 체포되신 예수님은 기드론 골짜기를 지나 옛 다윗성의 왼쪽 시온산 중턱에 있던 대제사장 가야바의 집으로 끌려 가셨다. 그 곳에는 한밤중임에도 산헤드린 의회가 모여 있었다. 예수님은 일단 지하에서 일단의 폭력적 심문을 당하셨다. 그리고 산헤드린 앞에 끌려 가셔서 온갖 모함을 받으셨다. 그러나 그들이 예수님에게서 마땅한 죄를 발견하기는 쉽지 않았다. 대제사장 안나스와 가야바의 주도하에 있던 산헤드린은 예수님께서 성전을 허물고 새로 지으리라 말하였다는 결정적인 죄를 물으려 했으나 그것 역시 서로 의견이 맞지 않았다. 마지막에 대제사장 가야바가 나섰다. 그가 물었다. "네가 찬송 받을 이의 아들 그리스도냐" 그러자 예수님께서는 여지 없이 간명하게 대답하셨다. "내가 그니라"(막 14:62). 예수님은 자신의 정체성을 드러내는 일을 주저하지 않으셨다. 이로서 죄는 성립되었다. 스스로를 하나님의 아들로 그리고 메시아로 증언한 것이다. 결국 산헤드린은 예수님의 죄가 사형에 해당한다고 결론지었다.

그런데 이상하게도 산헤드린은 예수님을 산헤드린이 선정한 처형장소가 아닌 총독 빌라도의 법정으로 데려갔다. 당시 황제의 속주로 지정되어 있던 유대에는 퇴역한 대대장 수준의 총독이 부임해 있었다. 그가 바로 빌라도였다. 그의 법정은 성전 옆 높은 망루가 있는 안토니 요새였는데 이곳에서는 반로마 행위에 대한 처벌도 공공연하게 이루어졌다. 예수님을 빌라도에게 데려가는 문제에 대해서 대제사장과 산헤드린은 교묘했다. 그들은 나사렛에서 온 예수가 대중들의 지지를 받고 있음을 알았다. 결국 예수는 로마인의 법과 로마인의 손에 의해 죽임을 당해야 했다. 마침 예수는 그들이 원하는 진술을 했다. 스스로를 메시야 즉, 유대인의 왕으로 칭한 것이다. 이것은 분명 로마법에 위배 되는 것이며, 로마에 저항하는 일이었다. 그렇다 해도 빌라도는 곤혹스러웠다. 고소자들이 로마에게 범법이라고 말하는 스스로 메시아 됨의 문제를 과연 로마법으로 처벌해야 하는 것인지 모호했던 것이다. 결국 빌라도도 면피할 방법을 찾았다. 그가 갈릴리 출신임을 알고 마침 예루살렘 윗 도시의 왕궁에 와 있던 분봉왕 헤롯 안티파스에게 보낸 것이다(눅 23:6~12). 그러나 헤롯은 별다른 행동을 취하지 않았다. 그리고 예수님을 다시 빌라도에게 넘겨 버렸다.

    이제 모든 결론은 빌라도에게 달렸다. 할 수 없다는 듯 예수님을 로마 군인들에게 넘겨 주었다. 군인들은 예수님을 군인들의 뜰로 데려가 채찍질 했다, 그리고 십자가의 가로대에 해당하는 약 50킬로그램의 나무를 예수님의 어깨에 지워 예루살렘 서쪽 성 밖 '골고다'로 데려갔다. 그리고 그 곳에서 예수님께서는 마지막 십자가의 고난을 당하시고 죽임을 당하셨다. 빌라도 법정에서 출발하여 골고다에 이르는 길 즉, 비아 돌로로사 곳곳에는 예수님께

예수님은 스스로 달릴 십자가를 지고 사형장을 향하여 가셨다. 그 길은 지금 예루살렘 고난의 길(via dolorosa)로 알려져 있다. 오늘날 이 길은 아랍인들의 상점이 즐비하다.

서 신실하게 하나님의 뜻을 실현하신 흔적들이 남아 있다. 예수님께서는 그 여정 내내 신실하게 십자가를 감당하셨다. 그 모든 고난은 올곧이 메시아 되신 예수님의 몫이었기 때문이다. 마지막 십자가 위에서도 예수님은 십자가가 주는 고통에 대해 신실하셨다. 그 모든 고통을 온전히 감당하는 것이야말로 당신의 메시아 사역을 완수하는 지름길이었기 때문이다. 오래전부터 중범죄자들을 처형하는 방법으로 사용된 십자가형은 한 인간이 감당하는 고통 중 가장 극악스러운 것으로 여겨졌다. 죄수는 이미 죽을 만큼 채찍질을 당한 상황에서 스스로 자기가 질 십자가 형틀을 지고 형장으로 이동한 후 두 발과 두 손에 못이 박힌 채 평균 3일에서 4일 이상 나무에 스스로의 힘으로 매달려 있어야 했다. 못 박힌 손과 발도 고통스러웠으나 그렇게 못 박힌 채로 나무위에 사지를 벌린 채 매달려 있는 것은 더욱 고통스러웠다. 온 몸의 채찍 상처에는 벌레들과 새들이 날아들어 살점을 뜯어 먹었고 한낮의 뜨거운 뙤약볕과 한밤의 추위는 진정 견디기 어려운 고통이었다.

　세상 사람들에게는 십자가의 길이 고통과 고난의 대명사와도 같다. 하지만 그리스도인들에게 십자가는 예수님 생애와 사역의 정점이며 중심이다. 예수님의 십자가는 기독교 신앙의 상징이다. 그렇지만 유대인들은 십자가를 수치스러운 것으로 간주하고 있었다. 십자가는 치욕스런 죽음을 의미했다. 십자가는 범죄의 상징이었고 하나님을 가로막는 장애물이었다. 따라서 '십자가에 달려 죽은 예수'는 하늘로부터 오는 표적을 구하는데 익숙한 유대인들에게는 하나의 '스캔들'이었다. 헬라인에게도 역시 십자가는 어리석음의 상징이다. 힘없이 십자가에서 죽은 사람을 '메시야'로 선포하고 있는 기독교인들의 행태는 학식과 덕을 숭상하는 헬라나 로마 사람들에게는 어리석은 것으로 보였을 것이다.

　그러나 참 진리와 구원의 길을 원하는 이들에게 예수님의 십자가를 바르게 이해하는 것은 매우 중요하다. 예수님의 십자가를 바로 이해할 때, 성서의 메시아 이야기들과 십자가 사건을 바로 이해할 수 있으며, 그렇게 해서 그는 하나님과 그 분의 나라 그리고 그 나라에 들어서는 구원의 길에 대한 바른 신앙을 가질 수 있다. 십자가의 의미를 바로 이해하지 못했던 열혈 청년 사울은 교회를 사교 집단으로 간주하고 그리스도인들을 박해하며 스데반의 살해사건에 가담했다. 그러나 다메섹 도상에서 십자가가 인류 구원을 위한 하나님의 사죄의 방법이었다는 진리를 깨달은 뒤로 바울은 오히려 십자가의 스캔들을 자랑스러워했다. 그는 매우 단호하게 "내가 복음을 부끄러워하지 아니하노니 이 복음은 모든 믿는 자에게 구원을 주시는 하나님의 능력이 됨이라"고 선언했다(롬 1:16).

희망의 길
예루살렘에서 우리에게

부활의 길

　마가복음 16장은 십자가에서 처참하게 처형된 예수님이 그 무덤에 있지 않고 살아났다는 어떤 청년의 증언이 있다. 안식 후 첫날 새벽 미명, 세상은 고요함 가운데 빠져 있었다. 그 새벽 미명을 여는 발걸음 소리가 들렸다. 무거운 발걸음 소리였다. 막달라 마리아, 야고보의 어머니 마리아, 살로메 등 세 여인이 예수의 십자가 처형이 있은 지 사흘 만에 무덤을 찾아갔다. 죽은 예수님의 몸에 향유를 바르기 위해서였다. 무덤 앞에 도착했을 때 그들은 기대하지 못했던 장면을 보았다. 무덤을 막아놓은 돌이 굴려져 무덤 문이 열려 있었던 것이다. 누군가 예수님의 시신을 훔쳐간 것일지 아니면 로마인들이나 잔혹한 헤롯이 시신마저 훼손하려 이 짓을 한 것인지 알 수 없었다. 두려운 마음에 여인들은 무덤으로 가까이 다가갔다. 무덤 안에서 인기척이 들

예수님은 십자가에서 내려진 후 아리마대 요셉이 스스로의 장례를 위해 사둔 무덤에 장사되었다. 사진은 예루살렘 성묘교회 내에 있는 예수님이 장사된 무덤 위에 세워진 교회이다.

렸다. 떨리는 가슴을 안고 여인들은 무덤 안으로 몸을 구푸려 들어섰다.

그 무덤 안에는 한 청년이 있었다. 혹여 예수님께서 잡혀 돌아가시던 그 날 밤 겉옷 마저 벗어버리고 도망친 그 청년인가 싶다. 물끄러미 서 있던 청년은 무덤으로 들어온 여인들을 바라보았다. 그리고 청년이 이렇게 말했다. "놀라지 말라 너희가 십자가에 못 박히신 나사렛 예수를 찾는구나 그가 살아나셨고 여기 계시지 아니하니라 보라 그를 두었던 곳이라"(막 16:6). 예수님의 부활에 대한 청년의 증언은 아주 간결했지만 분명했다. 예수님은 죽음 가운데 있지 않고 다시 살아나셨다. 이제 이 땅에, 인류에게, 믿는 자들에게 새로운 길이 열렸다.

예수님의 무덤은 십자가 처형이 있었던 곳으로부터 얼마 떨어지지 않은 곳에 있었다. 경건한 산헤드린 회원이었던 아리마대 요셉이 자신을 장사 지내기 위해 사두었던 무덤이었다. 그가 의로운 예수의 죽음을 안타까워하여 내어준 곳에 예수님은 초라하게 매장되었다. 그러나 그 무덤은 지금 비어있다. 세상 모든 위대한 사람들의 무덤은 한 때 위대했으나 죽음을 피하지 못한 이들의 주검으로 채워져 있으나 예수님의 무덤만은 예외이다. 그 곳은 지금도 비어있으며 아무 것도 남아 있지 않다. 부활하셔서 그 곳을 떠나셨기 때문이다.

예수님은 죽음의 길을 넘어서 부활의 길을 여셨다. 그것은 새로운 가능성이며 깨달음이고 희망이 열리는 길이다. 유대인들은 예수님의 십자가 죽음을 가리켜 저주받은 죽음이라고 말하고, 로마 제국과 헤롯 권력은 비겁한 죽음이라고 깎아내렸지만, 예수님은 죽은 지 사흘 만에 부활하여 다시 나타나셨다. 예수님의 부활은 유대인을 넘어 이방인에게로, 로마와 헤롯을 넘어 이방의 세계로 전해졌다. '살아났다'고 번역된 헬라어 '에게이로(egeiro)'는 '일어나다' '깨어나다'라는 뜻을 담고 있다. 그러므로 예수의 부활은 죽음에서 생명을, 어둠에서 빛을, 무지에서 깨달음을 그리고 무엇보다 절망에서 희망의 길을 여신 하나님의 사건이었다. 그래서 불트만(R. Bultmann)이란 학자는 예수님의 십자가 사건과 부활 사건은 각각의 사건이 아니라 한 사건이라고 강조했다. 십자가 없이 부활은 없으며, 고난 없이 희망이 없다는 것을 의미한다. 예수 십자가 죽음과 부활 사건을 목격했던 제자들의 증언은 초대 그리스도인들이 교회 공동체를 형성하는 중요한 교리가 되었다. 그래서 그 신앙을 이어받은 고린도 교회는 "이는 성경대로 그리스도께서 우리 죄를 위하여 죽으시고 장사 지낸 바 되셨다가 성경대로 사흘 만에 다시 살아나셨다"고 고백한다(고전 15:3-4).

베드로를 다시 찾다

예수님의 부활 소식은 은밀하게 그러나 신속하게 제자들과 예수님을 따르던 무리들에게 전해졌다. 그 새벽 천사들은 무덤을 찾아온 여자들에게 "빨리 가서 그의 제자들에게 이르되 그가 죽은 자 가운데서 살아나셨고 너희보다 먼저 갈릴리로 가시나니 거기서 너희가 뵈오리라 하라"고 말했다(마 28:7). 예수님 역시 직접 길에서 나타나서 그들에게 "가서 내 형제들에게 갈릴리로 가라 하라. 거기서 나를 보리라"고 말씀했다(마 28:10). 마태복음은 이어서 열한 제자가 갈릴리에 가서 예수님이 명령한 산에 이르러 부활하신 예수님을 보았고 예수님은 그들에게 온 세상에 전도할 사명을 주었다고 증거하고 있다(마 28:16, 19). 요한복음은 20장에서 예수님께서 제자들의 처소에 나타나 부활하신 증거를 보이셨다고 증거한다. 흥미롭게도 요한복음은 부활하신 예수님께서 출현하신 사건 하나를 더 보고한다. 갈릴리 바닷가였다.

갈릴리는 예수님이 처음 제자들을 선택했던 곳이었다. 예수님은 갈릴리 해변에 다니다가 시몬 베드로와 그 형제 안드레가 바다에 그물 던지는 것을 보시고 그들에게 "나를 따라 오너라. 내가 너희로 사람을 낚는 어부가 되게 하리라"고 불렀다. 그 네 명은 즉시 그들의 그물과 아비를 버려두고 예수님을 좇았다(마 4:18-20). 이후 예수님은 이 네 명을 당신의 사역에서 가장 중요한 핵심 인물들로 삼으셨다. 그 가운데 베드로의 위치는 가장 우선하는 것이었다. 그런데 베드로는 예수님을 버렸다. 베드로는 예수님의 십자가 사건을 받아들이지 못했다. 유대인의 오래된 전승 때문인지 베드로는 예수님의 십자가를 승리와 부활을 위한 전주곡이 아닌 하나의 저주로 이해할 수밖에 없었다. 그는 곧 십자가의 저주가 미치지 않는 갈릴리로 도망쳐버렸다. 그곳에서 베드로와 동료들은 밤새도록 어부로서 수고했다. 그러나 소득을 얻지 못했다. 그때 예수님이 바닷가에 나타나셨다. 제자들은 그가 누구인지 알지 못했다. 예수님은 그들에게 "얘들아, 너희에게 고기가 있느냐?" 하고 물으셨다. 그들은 "없나이다" 하고 대답했다. 그때 예수는 "그물을 배 오른편에 던지라. 그리하면 얻으리라"고 말씀하셨다. 그들이 그 말대로 그물을 던졌는데, 고기가 많아 그물을 들어 올릴 수 없었다. 놀라운 일이었다. 밤새도록 아무것도 잡지 못했는데, 고기가 이곳에 다 몰려 있었다니! 그리고 저 사람이 누구이기에 고기가 여기에 모여 있는 것을 어떻게 알았는지! 수년 전 예수께서 베드로를 제자로 부르실 때의 사건과 참으로 비슷한 형국이었다.

부활의 예수님은 결국 베드로를 찾아 질문하셨다. 예수님이 베드로에게

예수님은 부활하신 후 갈릴리로 가셨다. 갈릴리에서 예수님은 제자들을 만나셨고 당신의 부활을 알리셨다.

던진 질문은 책망과 원망이 아니라 사랑이었다. 요한복음 1장 1절을 "태초에 말씀이 계시니라." 그리고 말씀이 곧 예수 그리스도이며 예수 그리스도는 곧 사랑이시라고 밝힌 요한은 그의 예수님에 대한 기록 보고서 말미를 역시 사랑으로 맺었다. 예수님은 그 최초의 사랑을 다시 담아 그의 가장 사랑하는 제자에게 보이시고 그 사랑을 받아들이도록 하셨다. 베드로는 몸 둘 바를 몰랐다. 그러나 이번에는 담담하게 그 사랑을 받아들였다. 받아들였을 뿐 아니라 그 사랑이 자신을 통해서 세상으로 나아가도록 했다. 세상 모든 이들을 향한 예수 목자로서의 사역을 받아들이고 그 사역의 길로 들어선 것이다.

이제 베드로는 자신에게 특별하게 다가오신 예수님의 말씀의 의미를 되새겨야 했다. 그것은 저주와 보복이 아닌 관용과 사랑으로 품는 사역이었다. 요한복음은 다른 복음서와 달리 예수님이 시몬의 형제인 안드레에게 다가가셨다고 말한다. 이후 안드레가 시몬을 데리고 예수님께 갔다. 그 때 안드레는 베드로에게 지금 만날 분이 바로 메시야라는 사실을 알려주었다. 적어도 베드로는 예수님을 만나던 그 순간부터 예수님이 메시아라는 사실을 알고 있었다. 한 때 그는 그런 예수님을 부정했으나 이제 그 분은 자신에게 다시 기회를 주셨다. 베드로는 이제 예수님께서 예루살렘이 아닌 갈릴리에 나타나셔서 최초의 만남을 재현하시고 그리고 사랑의 메시지를 반복하신 의미를 제대로 파악했다. 예수님이 정치적이고 군사적인 의미에서 메시아라면 그의 부활후 출현은 제자들이 아닌 십자가 처형을 주도한 위정자들을 향한 것이어야 했다. 그의 부활 출현은 갈릴리가 아닌 선동 가능한 예루살렘이어야 했다. 그러나 예수님은 그렇게 하지 않으셨다. 예수님께서는 제자들에게 특별히 베드로에게 나타나셨고 예상치 못했던 용서와 관용과 사랑의 메시지의 증인이 되도록 요청하셨다.

예수님의 부활의 길은 누군가에 대한 저주나 복수가 아니었다. 예수님의 부활은 하나님 나라 운동을 따르는 제자 무리에게 새로운 사역 방향을 제시했다. 그 관용과 사랑, 용서와 사랑의 메시지를 품은 제자들은 곧 예루살렘을 넘어서고 유다와 사마리아 그리고 땅 끝까지 이르러 증인이 되는 삶을

베드로는 부활하신 예수님을 만나고서 예수님과 진지한 대화를 나눈 후 다시 수제자의 자리를 되찾았다. 사진은 갈릴리에 있는 베드로 수위권 교회이다.

살기 시작했다. 교회 즉, 십자가 신앙 공동체의 선교하는 길이 열린 것이다.

예수의 길을 따르다

예수님의 메시아 되심과 죽으심 그리고 부활과 승천의 이야기는 곧 제자들에게 중요한 메시지로 주어졌다. 그들은 이내 성령을 받고 그 모든 예수님의 사역을 하나님의 세상을 향한 사랑의 마음으로 풀어 증거하기 위해 세상으로 흩어지기 시작했다. 예수님은 제자들의 증인으로서의 사역 방향을 프로젝트 매니저와 같은 모습으로 정리하셨다. "오직 성령이 너희에게 임하시면 너희가 권능을 받고 예루살렘과 온 유대와 사마리아와 땅 끝까지 이르러 내 증인이 되리라"(행 8:1).

제자들의 첫 번 사역지는 바로 예루살렘이었다. 베드로와 요한은 성전 미문 앞에 앉아 있던 걷지 못하는 자를 고치고 또 솔로몬의 행각에서 복음을 전하여 수많은 사람들을 예루살렘 교회의 일원으로 편입시켰다. 최초 예루살렘 교회 사역자들의 헌신적인 선교는 과히 놀라운 것이었다. 그들은 두려움 없이 예수 그리스도를 전했다. 때로 감옥에 갇히거나 협박을 당하거나 심지어 죽임을 당하는 일이 발생해도 '그 모든 일'의 증인으로서 그들의 헌신적인 사역의 길은 멈춤이 없었다.

스데반의 순교 이후 예루살렘의 선교 상황이 어려워지자 열정적인 복음 전도자들은 주변 곳곳으로 흩어지기 시작했다. 최초로 예루살렘을 벗어나 복음을 전한 사람은 빌립이었다. 빌립은 처음 사마리아를 찾아 예수에 관하여 증언했다(행 8:5). 이어서 그는 남쪽 광야에서 에디오피아 사람에게 복음을 전했다. 이어서 그는 구약성서의 블레셋 땅이었던 가사와 아스돗을 찾아가서 예수의 복음을 선포했다(행 8:40). 빌립의 전도는 지중해변을 따라 이어진다. 그는 가사와 아소도 즉 아스돗을 지나 가이사랴로 향했다(행 8:40).

베드로는 예루살렘으로부터 흩어진 사도들의 행적 가운데 단연 돋보이는 도약을 시도했다. 최초로 이방인을 직접 전도한 것이다. 베드로는 이방인이나 이방문화를 만나는 것도 꺼려했고 이방지역을 찾아가는 것조차 싫어했던 인물이었다. 베드로는 우선 욥바 항구로 갔다. 그 곳에서 다비다를 구한 베드로는 이어서 놀라운 환상 경험을 한다. 유대인으로서는 먹지 못할 가증한 음식들이 담긴 바구니와 그것을 먹으라는 음성을 들은 것이다. 그는 이어서 가이사랴로 가서 그 곳에서 유대인으로서는 상종하지 말아야 할 사람들 곧, 로마 사람들을 마주하고 그들에게 복음을 전했다. 성령은 마치 최초로 성령이 임하던 때와 같은 모습으로 이 이방인들에게 임했다(행 10:23~48).

바울은 회심후 적극적으로 이방인을 위한 선교사역에 헌신했다. 사진은 바울이 마지막 재판을 받았던 가이사랴의 로마총독부 유적이다.

베드로의 이방인 전도는 놀라운 사건이었다. 예수 그리스도의 십자가 구원의 길이 이제 유대인을 넘어서서 세상 모든 사람들에게 열린 것이다. 초대교회는 이 놀라운 일을 위하여 하나님께서 한 사람을 준비하셨음을 즉시 간파했다. 그는 바로 바울이었다.

원래 사울이었던 바울은 바리새파의 분파였던 힐렐(Hillel) 학파에 속한 율법학자였다. 바울은 율법과 유대의 전통에 누구보다 열정적이었던 탓에 예수를 메시아라고 믿고 따르는 그리스도인들을 핍박했다. 그랬던 그가 예수를 믿는 자들을 체포하기 위해 다메섹으로 가던 중 일생 일대의 변화를 경험하게 된다. 그가 경멸하던 예수를 만난 것이다. 그는 이후 변했다, 그는 특별히 이방인들을 위한 사도로 세움을 받았다. 그리고 이제까지 초대교회가 엄두를 내지 못하고 또 이루지 못했던 놀라운 선교적 과업들을 수행하기 시작했다. 안디옥 교회로부터 파송을 받은 그는 곧 소아시아 사람들에게 예수 그리스도를 증거하기 시작했다. 이어서 그는 마게도냐와 아가야 지역 사람들에게도 복음을 전하기 시작했다. 그의 예수 그리스도는 참으로 놀라운 하나님의 아들이며 메시아였다. 그는 그가 깨달아 알게 된 그 분의 이야기를 보다 많은 사람들에게 전하기 원했다. 그렇게 그의 복음에 대한 열정과 성령의 인도하심은 그의 발걸음을 당대의 중심지 로마로 향하도록 했다. 그는 그 곳에서도 열정적으로 복음을 전했고 그리고 그 곳에서 순교했다.

바울이 혹은 베드로나 다른 제자들과 사도들이 순교했다 해서 예수 그리스도의 십자가 구원의 길이 끝난 것이 아니다. 그 길은 이후 로마 세계 곳곳으로 꾸준히 이어졌다. 아니 로마는 끝났을지라도 예수 그리스도의 길은 여전히 이어졌다. 예수님의 길을 따르는 이들은 오늘도 여전히 이어진다. 그들은 여전히 묻는다. "나를 앞서 가신 선배들이여, 예수라는 이 분의 길을 따르는 것이 제게 의미가 있습니까?" 그 질문에 예수님과 예수님의 길을 따른 모든 신앙의 선배들은 모두 미소를 띠고 대답한다. "네 가진 것을 모두 팔아서라도 와서 이 값진 예수 그리스도의 이야기를 사라. 그 때로부터 네 인생은 새로운 국면으로, 새로운 길로 나아가게 될 것이다."

예루살렘에서 우리에게

"예수님께서 걸으셨던 지역의 전체 면적은 한반도 절반도 되지 않는다. 그러나 그 걸음의 폭은 커서 세상과 사람들을 변화시키며 성숙한 삶으로 인도하기에 충분했다. 오늘 우리 역시 작지만 신실한 발걸음이 세상을 변화시킬 수 있음을 확신할 수 있어야 한다."

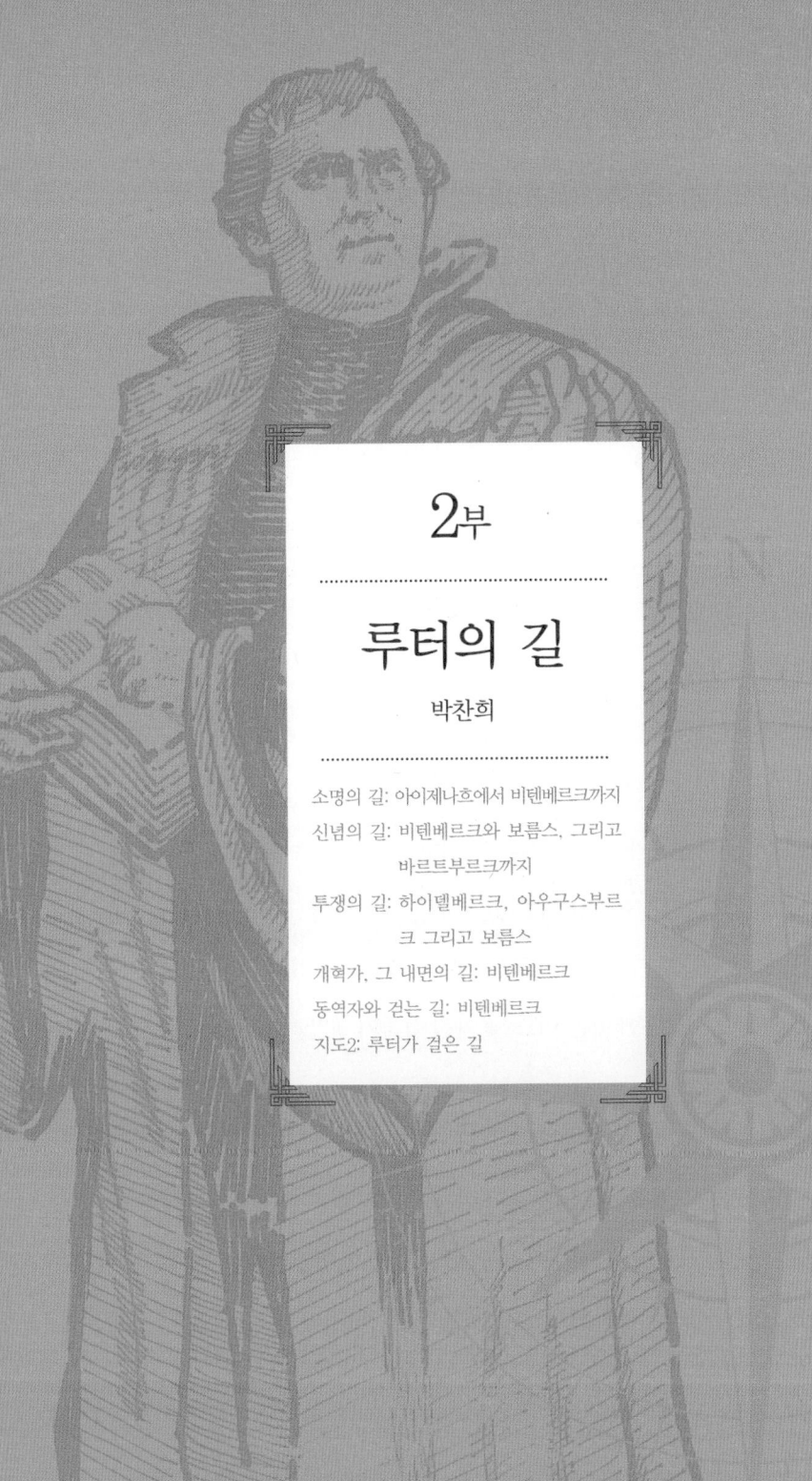

2부

루터의 길

박찬희

소명의 길: 아이제나흐에서 비텐베르크까지
신념의 길: 비텐베르크와 보름스, 그리고
  바르트부르크까지
투쟁의 길: 하이델베르크, 아우구스부르
  크 그리고 보름스
개혁가, 그 내면의 길: 비텐베르크
동역자와 걷는 길: 비텐베르크
지도2: 루터가 걸은 길

소명의 길
아이제나흐에서 비텐베르크까지

질문하는 인생

마틴 루터(Martin Luther, 1483-1546)는 목회자이자 신학자였으며 작곡가였고 수도사이자 목회자이기도 했다. 그러나 우리가 알고 있는 가장 적절한 호칭은 '종교개혁가'일 것이다. 일반적으로, 마틴 루터는 1517년에 비텐베르크 대학교회의 문에 95개조의 논쟁문을 게시하면서 신앙과 관습 그리고 신학적 문제를 제기함으로써 종교개혁의 불씨를 당겼다.

그러나 그의 종교개혁은 어느 날 아침 갑자기 발생하여 급작스럽게 이뤄진 일이 아니었다. 그의 개혁적 사고와 결단은 그의 삶 전체를 관통하여 이뤄진 것으로, 진리를 향한 진지한 여행의 산물이었으며, 그렇게 하나하나 찾아낸 진리를 지키고자 하는 불굴의 여정이었다. 무엇보다 루터는 질문하는 사람이었다. 그리고 그 질문에 대한 답을 얻고자 확신한 바를 향해 맹렬

루터는 세계와 역사에 대해 능동적으로 반응할 준비가 된 시민 계급 출신이었다. 사진은 아이슬레벤에 남아 있는 루터의 생가이다.

히 달려간 사람이었다.

마틴 루터는 1483년 11월 10일 신성로마제국의 작센주, 아이슬레벤(Eisleben)에서 태어났다. 아버지 한스 루터(Hans Luther)와 엄격한 어머니 마르가리테 린데만(Margarithe Lindemann)은 근면하고 경건한 사람들로서 자기 아들도 그렇게 살기를 원했다. 본래 아버지는 농부의 아들이었으나 광산업자가 되었다. 1484년, 루터가 태어난 다음 해에 아이슬레벤을 떠나 만스펠트로 이주했고, 명성을 쌓아 만스펠트에서 매우 존경을 받는 가족이 되었다. 어머니는 루터 3남매를 엄히 키웠다. 루터는 그 일을 회상하면서 "어느 날 어머니는 내가 호두 하나를 훔쳤다는 이유로 피가 나도록 종아리를 때렸다"고 했을 정도였다. 그럼에도 불구하고 루터의 양친에 대한 존경은 변함이 없었다. 루터는 후일에 이렇게 말했다. "하나님께서 우리에게 말씀하시기를 원하실 때, 그 분은 천사를 통하지 않고 부모님을 통해 말씀하신다."

아버지의 맏아들에 대한 기대는 높았다. 아들이 변호사가 되어 사회적 신분이 상승되기를 바랐다. 루터는 아버지의 뜻을 따라서 만스펠트의 최상급 라틴어 학교에 입학했는데 이 학교는 공동생활 형제단이라 불리던, 당대

아이슬레벤은 작센안할트주에 있는 도시이다. 옛날부터 하르츠 산맥의 구리채굴로 명성을 높였다. 루터의 아버지는 이 도시에서 광산을 운영하던 사람이었다. 도시 한복판에는 루터의 동상이 서 있다. 아이슬레벤이 루터의 도시임을 말하는 것이다.

라인강 유역에서 발흥한 중세교회와 종교개혁 중간기의 개혁운동인 '근대의 경건운동'(Devotio Moderna)의 영향 하에 세워진 학교였다. 루터는 이곳에서 소위 '트리비움(trivium)'이라 불리는 중세의 삼학문 즉, 문법과 논리학 그리고 수사학을 공부했다.

학교를 졸업한 루터는 1501년, 나이 19세에 에어푸르트 대학(Universität Erfurt) 법학과에 입학했다. 그런데 루터는 법률 공부에서 별 흥미를 느끼지 못했다. 그렇게 학교생활은 무미건조했고 답답했다. 루터는 훗날 이 학교를 '술집과 매음굴(beerhouse and whorehouse)'이라고 불렀을 정도로 학교와 학생시절에 비판적이었다. 아무튼 루터는 1505년에 석사 학위를 받았다. 그런데 이 시기 루터는 신앙에 관심을 갖게 된 전환점을 맞았다. 방학이 끝나고 학교로 돌아가던 중 슈토테른하임 마을 근처에서 폭풍우를 만나 공포에 휩싸인 채 "성 안나여, 나를 도우소서. 수사가 되겠나이다!"라고 서원했다(De votis monasticis, 1521).

이제 루터에게 신앙은 제1의 가치로서 자리매김 되었다. 루터는 삶과 죽음의 문제, 죄와 구원, 그리고 성결한(거룩한) 삶에 대해 끝없이 일어나는 질문에 답을 얻고 싶었다. 오랜 숙고 끝에 루터는 신앙적 헌신을 통해 그 대답을 얻을 수 있을 것이라고 믿게 되었다. 1505년, 졸업을 기점으로 심취한 신앙에 따라, 에어푸르트에 있던 아우구스티누스 엄수파 수도원에 입회하겠다고 아버지에게 선언했다. 아버지는 대노했고 루터에게 보내던 교육비 송금을 중단해버렸다.

루터는 에어푸르트 대학을 싫어했다. 그러나 그는 이 대학에서 오캄(William of Ockham) 같은 사람의 새로운 인식론을 공부했다. 그는 이 대학에서 신앙의 인식과 자연의 인식 즉, 이성의 갈림길을 배우고 익힐 수 있었다.

젊은 루터를 사로잡은 생의 의미에 대한 갈증, 그것은 길을 떠나는 것이었다. 그 길의 의미는 아직 선명히 다가오지는 않지만 쉬운 길, 신분이 상승된 중산층으로서 누리게 될 편안한 길은 아니었다. 루터의 길은 서서히 전환을 향해 열리고 있었다.

소명의 길

소명을 받은 사람은 대개 강렬한 체험을 통하여 확신을 얻고 그것이 전환점이 되어 전적인 헌신에 이르게 된다. 16세기 타락한 교회를 비판하며 맞서서 결국 종교 개혁이라는 커다란 열매를 거둔 루터에게도 두 번의 강렬한 체험이 있었다. 이 체험은 그로 하여금 법률가로서의 꿈을 접고 수도사의 길을 걷게 하였다.

첫 번째 경험은 이랬다. 1503년 부활절 축제 시기 루터는 모처럼의 휴가를 얻었다. 그는 지루하기만 한 에어푸르트 대학을 떠나 고향집으로 향했다. 당시 사람들은 일반적으로 검을 차고 다녔는데, 여느 때와 마찬가지로 깊은 상념에 잠겨 길을 걷던 루터는 발을 헛디뎌 그만 넘어지고 말았다. 그런데 공교롭게도 넘어지면서 차고 있던 칼이 떨어졌고, 그 칼에 그만 동맥이 잘리는 큰 상처를 입었다. 크게 놀란 루터는 피가 철철 흐르는 상처를 부여잡고 도움의 손길을 찾아 주위를 돌아보았다. 그러나 아무도 없었다. 피가 솟구치는 상처를 감싸 쥐고 간신히 일어났지만, 너무나 출혈이 심하여 곧 기진맥진하게 되었다. 더 이상 일어설 수도 없을 지경이 되었다. 그는 이제 거의 죽게 되었다. 이 때 루터는 간절한 마음으로 기도하였다. "오 성모 마리아여! 나를 도우소서." 이 때 놀랍게도 에어푸르트로부터 길을 지나던 의사가 쓰러진 루터를 발견했다. 죽음의 문턱에서 루터의 생명이 살아나는 순간이었다.

이런 일은 또 있었다. 1505년 7월 2일, 여름 방학을 맞아 아이슬레벤에 와 있던 루터가 다시 친구 알렉시스와 더불어 에어푸르트로 돌아가게 되었다. 그런데 그들이 가던 길 산자락에서 갑자기 하늘이 어두워지더니 폭우가 몰아치기 시작했다. 폭우는 번개와 천둥을 동반했다. 이런 식의 자연 현상은 당시 들판을 지나던 여행객에게 큰 두려움의 대상이었다. 그리고 마침내, 한 자락 번개가 루터의 친구에게 내리쳤다. 친구는 그 자리에서 즉사하고 말았다. 너무나 놀라고 겁이 난 루터는 그 자리에 엎드려 꼼짝 할 수도 없었다. 죽음과 심판 그리고 내세에 대한 공포가 쓰러진 루터를 휘감았다. 땅에 엎드린 루터는 절박한 기도를 내뱉었다. "성 안나여, 나를 구원하소서." 광부들

루터는 폭풍우 가운데 경험한 영적 체험으로 수도사가 되기로 했다. 그는 에어푸르트 대학에서 인문학을 배우는 대신 아우구스티누스 수도원에서 신앙 영성을 훈련하게 되었다. 사진은 루터가 입교한 에어푸르트의 아우구스티누스 엄수파 수도원 전경이다.

의 수호성인 안나를 찾은 것이다. 그는 이렇게 기도를 이었다. "만약 주께서 이 위험에서 나를 구원하시오면 이제 온전히 하나님께 헌신하겠나이다."

얼마나 시간이 흘렀을까? 루터는 간신히 자리에서 일어났다. 그는 서둘러 그 길을 빠져 나가려 했다. 그러나 그의 걸음은 죽음의 그림자를 밟으며 가는 걸음이었다. 그는 휘청거렸다. 그는 주문을 외우듯 "이제 나는 무엇을 해야 할까?"하고 읊조렸다. 살아났다는 안도감과 여전한 두려움 사이에서 던진 질문은 그가 옮기는 발자국마다 빗물처럼 고였다. 그의 읊조림은 어느새 이런 고백으로 이어졌다. "성결하지 못한 가슴으로 크고 두려운 하나님 앞에 어떻게 나갈 수 있단 말인가?" 지난 날 성서에서 얻은 하나님의 공의로움에 대한 지식으로 그의 마음은 더욱 성결을 갈망하게 되었다.

루터는 그렇게 살아 돌아오던 길에서 결정적으로 자기의 가야할 길을 선택했다. 1505년 7월 17일 그는 아버지의 반대를 무릅 쓰고 아우구스티누스 엄수파 수도원에 들어갔다. 하나님의 부르심에 응답한 것이다. 그 수도원은 외부 세계와 단절하여 은둔하는 수도원이었다. 루터는 이제 하나님과 대면하여 인간이 가야할 길을 묻는 수도자의 길을 걷게 되었다. 그는 엄격한 수도자의 삶을 통해 구원의 길로 나아가기를 원했다. 그는 수도생활에서 죄인을 성결케 하고 심령을 변화시키는 강렬한 하나님의 음성을 들었다.

루터의 소명은 전능하신 하나님의 손에 사로잡혀 이끌려 간 길이었다. 에어푸르트 대학의 친구였던 루비아누스(Rubianus)는 루터의 이후 삶이 하나님의 섭리에 의한 것이었다고 말했다. 그는 "당신에게 일어났던 일들은 하나님의 섭리였다. 당신이 당신의 부모 품을 떠나 왔을 때 하늘로부터 온 불 (fire from heaven)이 또 한 명의 바울로서 당신을 이 땅에 던졌다"고 말했다.

　참으로 루터의 수도사로서의 소명은 하나님의 섭리에 의한 것이었다. 하나님은 교회를 교회되게 하기 위한 일꾼을 부르시기 위해 한 고뇌하는 인간을 절박한 순간으로 몰아갔다. 그의 체험은 죽음의 문턱을 넘나드는 것이었다. 그러나 이러한 위기의 순간조차 하나님의 위대한 섭리를 위하여 준비된 것이었다. 루터의 소명은 값싼 은혜가 아니라 죽음의 경험과 맞바꾼 값비싼 것이었다. 하나님 앞에 선 단독자로서 고독하게 마주한 하나님의 권위에 굴복하여 온전히 자신을 드리기까지 하나님의 역사는 루터의 초기 삶을 지배하였다. 새날을 움트게 하시는 하나님의 섭리는 루터의 소명과정을 통하여 이미 역사하고 있었던 것이다.

비텐베르크 탑

　아우구스티누스 수도원 생활과 비텐베르크 대학 교수 생활은 루터에게 새로운 깨달음의 길로 여행할 것을 촉구했다. 1505년 이후 루터는 하나님의 부름 받은 수도사로서 고고한 아우구스티누스 엄수파 수도원에서 기도와 성경읽기 그리고 노동 등 수도원 규칙 준수에 몰두하였다. 그리고 1507년에는 사제로서 공식적인 서품을 받았다. 1510년에는 명예로운 로마 여행도 했다. 그리고 1512년 10월에는 신학박사 학위도 얻었다. 그는 경건하고 엄격

루터는 신학을 공부하고 나서 수도원의 수도사인 동시에 대학에서 신학을 가르치는 교수가 되었다. 사진은 비텐베르크 시청이 끼고 있는 광장 전경이다. 광장 중앙의 동상중 하나는 멜랑히톤이고 다른 하나는 루터이다.

한 수도원 생활과 새로 얻은 비텐베르크 대학(Wittenberg University) 교수직을 통해서 인간의 온전한 삶과 하나님에 대한 신학적인 질문들을 이어갔다. 그런데 거듭되는 수도생활과 신학적 연구생활에도 "하나님의 의와 인간의 구원"에 관한 그의 의문은 여전히 쌓여갔다. 고뇌의 나날이 깊어갔지만, 인간의 죄 문제와 구원에 관하여서 그는 아무런 만족스런 깨달음도 얻을 수 없었다. 그에게 하나님은 막연하게 죄를 징벌하시는 두려운 하나님이었다. 금욕과 종교적 수행이 계속되었지만 "죄"의 문제는 계속해서 그를 괴롭혔다.

그러던 1516년, 비텐베르크 대학교에서 로마서를 가르치던 루터는 어느 날 그곳 아우구스티누스 엄수파 수도회 교회의 탑에 있는 작은 방에서 큰 깨달음을 얻었다. 로마서 1장 17절, "복음에는 하나님의 의가 나타나서 믿음으로 믿음에 이르게 하나니 기록된바 오직 의인은 믿음으로 말미암아 살

신학교수로서 루터는 믿음과 구원의 문제를 깊이 고민했다. 그리고 그 결과 종교개혁의 위대한 모토인 "오직 믿음"이라는 결론에 도달하게 된다. 사진은 그가 깊이 묵상하고 고민하던 비텐베르크 교회의 탑이다.

리라 함과 같으니라."는 말씀을 묵상하면서였다. 그의 죄와 구원에 관한 문제와 갈증은 일거에 해결되었다. 루터는 1532년의 「탁상담화」에서 이 체험과 그 묵상한 내용을 다음과 같이 말하였다.

"의인은 그의 믿음으로 살 것이다."와 "하나님의 의"에 대해서 곰곰이 숙고했을 때, 곧 이런 생각이 들었다. 만일 우리가 의로운 자로서 신앙으로 살고 하나님의 의가 믿는 자를 구원으로 이끈다면, 그것은 우리의 공로가 아니라 하나님의 은혜로 된다는 것이다. 이렇게 해서 내 영혼은 기운을 다시 얻었다. 하나님의 의는 우리가 그리스도를 통해 의롭게 되고 구원을 받는다는 사실에 그 본질이 있기 때문이다. 이러한 말들은 내게는 가장 사랑스러운 말들이 되었다. 성령께서 이 탑에서 내게 성서를 드러내 보이셨다."

탑에서의 체험은 한 마디로 '이신칭의(以信稱義)'의 위대한 깨달음이었다. 수도사 루터가 믿음의 한 사람으로 거듭나는 환희의 순간이었다. 하나님은 이제 더 이상 두려운 분이 아니라 그리스도의 복음을 통하여 믿는 자 누구에게나 은혜를 베푸시는 좋으신 하나님이며, 하나님의 의는 징벌하는 의가 아니라 살리는 의가 된 것이다. 루터 개혁의 핵심, '이신칭의' 사상은 율법의 심판 아래에만 놓여 있던 중세인들의 삶과 신앙의 멍에를 벗겨냈다. 루터의 '이신칭의'는 복음과 믿음 안에서 인간에게 참 자유를 얻게 하는 하나님의 의에 대한 깨달음이었다. 율법의 두터운 벽 틈에 난 수도원 작은 탑 창문으로 들어온 그리스도의 빛이었고 루터의 앞길을 비추는 빛이었다.

신념의 길
비텐베르크와 보름스, 그리고 바르트부르크까지

95개조 반박문

1516년 도미니크파 수도사였던 요한 테쩰(Johann Tetzel)과 교황청 파견 대사가 로마로부터 독일에 도착했다. 면죄부를 판매하기 위해서였다. 사실 면죄부는 그저 명분이었을 뿐 실은 당시 건축 중이던 로마의 성 베드로 성당 건축 자금을 모금하기 위함이었다. 당시 로마 가톨릭교회는 법적이든 아니면 교리적이든 믿음 하나만으로 인간을 의롭게 할 수 없다고 주장했다. 그들의 주장은 그랬다. 믿음은 결국 구제나 자선과 같은 선행이 동반되어야 하는데 그 선한 행위에는 교회에 바치는 헌금도 포함된다는 것이다. 특별히 로마 교황청은 면죄부라는 것을 팔았는데 그들은 면죄부 함에 돈을 넣는 행위를 통해서도 구원을 이룰 수 있다고 공공연하게 말했다. 가톨릭은 이제 예수 그리스도의 복음에 대한 신앙의 열정을 상실했다. 참 신앙의 길에 관한

가톨릭은 로마 교황청 베드로 교회를 세우기 위해 그리고 동쪽에서 밀려들어오는 오스만 제국의 공격을 막아내는 십자군을 모집하기 위해 갖은 명분을 앞세웠다.

어떤 문도 열지 못한 채 스스로 갇혀 쇠락하는 종교가 되었다.

루터는 이런 말도 안 되는 상황을 받아들일 수 없었다. 1517년, 루터는 마인쯔(Meinz)의 주교 알브레히트(Albrecht of Mainz)에게 면죄부의 부당함을 호소하는 편지를 보냈다. 사실 이 편지는 종교개혁의 기치를 세운 것이라기보다는 교회가 실천하고 있는 것에 대한 신학적 논쟁을 시도한 것이었다. 그런데 이 편지가 훗날 이른바 '95개조 반박문'이 된 것이다. 루터는 특히 테젤이 하고 다녔다는 말 즉, "동전이 면죄부 함에 떨어지는 소리가 날 때 연옥에 있는 혼은 천국으로 올라가게 된다."는 말에 대해 강력하게 반발했다. 죄를 용서하시는 것은 오직 하나님만이 하실 수 있는 일이며 면죄부가 죄사함을 가능하게 한다는 것은 말도 안 되는 일이라고 선언한 것이다.

멜랑히톤(Philipp Melanchton)에 따르면 루터는 마인쯔의 주교에게 보낸 편지를 비텐베르크대학 모든 성인들의 교회(all Saints Church) 정문에 게시했다. 라틴어로 쓰인 이 반박문은 두 주 만에 독일 전체에 퍼져 나갔고 두 달 만에 유럽 전역에 퍼져 나갔다. 마인쯔의 주교 알브레히트는 루터의 편지에 즉각적인 대답을 하지 않았다. 그는 그 편지를 로마 교황청으로 보냈다. 지역의 주교로서 그는 면죄부 수익을 거두는 일을 무시할 수 없었다. 그가 잘 거두어들이면 로마 교황청이 기뻐할 것이고 결국 로마 교황청은 그의 마인쯔의 주교 자리를 계속해서 인정해줄 터이기 때문이었다. 그런데 루터가 그것을 가로막은 것이다.

로마 교황청의 대응은 신중했다. 교황 레오 10세는 개혁주의자들과 이단들에게 신중한 사람이었다. 그는 교황청이 이 문제에 대해 적절하게 대응하기를 원했다. 그리고 신중하게 선발된 신학자들을 모았다. 그리고 교황권에 대한 수호와 개혁주의자들에 대한 공격을 위한 준비에 박차를 가했다. 그리고 루터를 가톨릭의 본산인 로마로 소환하여 그의 이단성을 심문하는 방식을 중심으로 반격을 준비했다.

한편, 작센의 선제후 프리드리히(Friedrich)는 매우 현명한 사람이었다. 그는 신성로마제국의 황제를 선출할 수 있는 권한을 가진 제후들 중 한 사람으로서 독일을 포함하는 신성로마제국이 로마 교황청과 겪고 있는 갈등 상황을 예의주시했다. 그리고 종교개혁자 루터를 보호하기로 했다. 선제후는 우선 교황을 설득하여 로마가 독일에 대사를 파견하도록 했다. 그리고 아우구스부르크에서 루터를 심문하도록 했다. 그래서 루터는 일종의 적진이라

루터는 그가 재직 중이던 비텐베르크 대학 교회의 정문에 당시 가톨릭의 문제를 총체적으로 다룬 95개조 반박문을 게시했다. 종교개혁의 시작이었다.

할 수 있는 로마가 아닌 독일 제국 영내 아우구스부르크에서 약 삼일에 걸쳐 심문을 받았다. 1518년 10월 12일이었다.

교황청에서 파견된 특사 카예탄(Cajetan)은 삼일 내내 루터의 면죄부 반박에 대해 공격했다. 그리고 루터가 교리적으로 문제가 되는 발언을 하는지 유심히 살폈다. 그럼에도 루터는 담대했다. 그는 3일에 걸친 논리적 공방에서 성공적으로 가톨릭교회의 면죄부 문제를 공격했다. 카예탄은 결국 루터를 체포하여 로마로 데려가려 했다. 그런데 루터가 빨랐다. 그는 한 밤중에 도망해 작센 주의 알텐부르그(Altenburg)로 숨어들었다. 그곳에서 그는 선제후의 제안으로 일단 휴전했다. 적어도 로마 교황청이 공격하지 않는 한 자신도 교황청에 대해 공격적인 태도를 취하지 않겠다고 한 것이다.

그러나 세상은 루터를 가만 두지 않았다. 하나님도 루터를 가만 두지 않았다. 루터는 요한 에크(Johann Eck)의 권유로 다시 대중 앞에 섰고 그의 개혁적 주장을 더욱 강력하게 외쳤다. 로마 교황청은 교황청대로 루터를 그대로 두지 않았다. 그들은 결국 루터를 파문했다. 이제 루터는 그가 고민하여 선택한 길, 하나님을 바르게 알아 인간 구원의 참 길을 여는 바른 길로 바르게 나아가야 했다. 그는 이제 진리를 선언하고 교회와 세상을 바른 길로 인도하기 위해 더 큰 길로 나아가야 했다.

보름스 제국회의

"내가 여기 서 있습니다. 나는 아무 것도 할 수 없습니다. 하나님이여 나를 도우소서. 아멘!"(Hier stehe ich. Ich kann nicht anders. Gott helfe mir. Amen.) 1521년 4월 18일, 루터는 신성로마제국의 황제 카를 5세(Charles V)가 소집한 보름스 제국회의(Worms Diet)에 소환 명령 받았다.

루터가 보름스에 도착하였다는 소식을 들은 카를 5세는 매우 초조해 하며 "루터가 온다.", "우리가 무엇을 해야만 하는가?"하고 신하들에게 질문했다고 한다. 이 때 팔레르모의 주교 모도(Modo)는 "우리는 너무나 오랫동안 이 문제에 매달려 있었습니다. 황제 폐하의 권위로 즉시 이 사람을 제거하십시오. 지기스문트도 약속을 지키지 않고 얀 후스를 처형하지 않았습니

루터는 드디어 보름스에서 로마의 권세자들과 만나게 되었다. 보름스는 니벨룽겐의 반지로 유명한 도시이다. 보름스 제국회의가 열렸던 장소는 현재 남아있지 않다. 사진은 루터시대에도 굳건하게 서 있던 로마네스크 양식의 성 베드로 교회이다.

까? 우리는 이단에게 안전보장을 약속하거나 비록 그렇게 했다고 하더라도 그것에 얽매일 필요가 없습니다."라며 루터를 처벌할 것을 강력히 요청하였다. 그러나 신성로마제국의 황제 카를은 신중했다. 그리고 "우리는 우리가 한 약속을 지켜야만 한다."고 간략하게 대답했다.

루터는 회의에 서기 이틀 전인 4월 16일에 지붕이 있는 마차를 타고 왔다.

수도사의 옷을 입고, 큰 십자가를 든 동료 요나스(Jonas)와 함께였다. 전형적인 장례 행렬의 모습이었다. 루터는 보름스 국회로 들어가는 이 길을 그의 인생 마지막 길이라 생각한 것 같다. 동시에 중세 교회의 왜곡되어 잘못된 것들을 장사 지내고 성서의 바른 권위와 하나님을 향한 바른 믿음의 세상을 열려는 의지를 보인 것이다. 흥미롭게도 보름스 시민들의 분위기는 달랐다. 그가 도착했을 때 거리에는 약 2,000명이 넘는 군중들이 그를 보기 위해 나왔다. 황제를 보려는 행렬보다 많았다고 한다. 국회 앞에서 내려 회의장으로 들어서는 그를 많은 동료들이 걱정했다. 그러나 루터는 오히려 동료들의 염려에 대하여 "하나님께서 나를 지켜주실 것"이라며 위로했다.

루터는 사실 보름스 국회에서 진행된 다양한 심문 앞에서 고심했다. 그가 주장하는 바른 신앙과 바른 교회론이 고민스러운 것이 아니었다. 문제는 하나님께서 세우신 국가 지도자들과 종교 지도자들 앞에 서서 그들의 권위에 도전해야 한다는 것이었다. 그의 주장과 그 주장이 기록된 저작물들에 대한 반박은 매우 집요하게 이루어졌다. 로마교회와 그들의 사절단들, 그리고 독일의 국가 지도자들은 루터에게 그가 잘못했음을 고백하도록 강요했다. 그러나 사방이 반대자들로 우글거리는 의회 한복판에서 루터는 당당했다.

"나의 양심은 하나님의 말씀에 사로잡혀 있습니다. 나는 절대로 나의 주장을 철회하지 않을 것입니다. 제가 제 자신의 이 양심에 불복하는 것은 정의롭지도 않을뿐더러 결국 그것은 안전하지도 않은 일입니다. 하나님이여 나를 도우소서, 아멘."

그는 성서에 대한 자신의 절대적인 믿음을 근거로 한 치도 흔들리지 않는 논쟁을 펼쳤다. 나아가 루터는 지금까지의 개혁적 주장을 철회하라는 국회의 추상같은 요구와 심문에 임하며 다음과 같이 기도했다.

"주여 당신은 지금 어디에 계십니까? 오 나의 하나님, 당신은 어디에 계십니까? 오소서! 나는 준비되었나이다. 하나님의 어린 양처럼 묵묵히 견디며 당신의 진리를 위해 나의 생명을 바칠 준비가 되어있나이다. 그것은 당신의 정의를 세우는 일이기 때문입니다. 정의는 당신의 것입니다. 나는 지금부터 영원까지 결코 당신에게서 떠나지 않겠나이다. 비록 온 세계가 마귀로 들끓고 있다고 하여도 나의 육체가 죽임을 당하거나 무덤에 던져지거나 갈갈이 찢겨지거나 재가 되어 사라진다고 하여도 나는 당신의 손이 행하시는 일을 따를 것입니다.… 나의 영혼은 당신의 것입니다. 하나님이여 나의 도움이 되어 주소서. 나는 나의 주장 그 어느 것 하나도 철회하지 않을 것입니다. … 그렇습니다. 나는 당신의 말씀의 보증을 갖고 있습니다. 내 영혼은 당신에게 속해 있습니다. 나의 영혼은 영원히 당신께 피할 것입니다. 오, 하나님! 나를 도우소서. 아멘!"

루터는 칼날 같은 심문이 끝나고 카를 황제의 안전보장(Schutzbrief) 약속대로 무사히 보름스 회의장을 나섰다. 그러나 로마 가톨릭의 정치적 관료들은 이미 루터를 해하려고 마음을 정한 후였다. 게다가 보름스 국회는 루터를 이단으로 선언했다. 회의의 결정은 루터 고향의 영주에 의해 집행될 것이었다. 두 명의 황실 군인의 호위를 받으며 머물던 숙소에 도착한 루터는 서둘러 고향으로 발길을 옮겼다. 이제 루터의 길은 험난하기 그지없는 고난의 길로 접어들고 있었다. 어쩌면 비텐베르크에서 아니면 로마로까지 끌려가 처형당할 수도 있었다. 그 옛날 프라하의 얀 후스(Jan Huss)가 당했던 것처럼 말이다.

바르트부르크 성

그런데 놀라운 일이 벌어졌다. 1521년 5월 4일, 루터는 비텐베르크로 돌

보름스에는 루터와 멜랑히톤을 비롯하여 그의 전과 동시대의 개혁자 및 동료들과 정치인으로서 그를 보호한 이들의 동상이 세워져 있다.

아가는 길에 발테스하우젠(Waltershausen) 근처에서 납치를 당하고 말았다. 글리스바흐(Glisbach) 교회 근처를 지날 때였다. 복면을 한 5명의 말 탄 사람들이 루터를 확인하고는 다짜고짜 그를 납치했다. 사실 그들은 루터를 옹호하였던 작센의 선제후 프리드리히가 보낸 기병들이었다. 그들은 루터가 입은 수도자 복장을 기사의 복장으로 바꿔 입히고 손에 검을 쥐어주었다. 그리고는 그를 붉은 말에 태우고 바르트부르크(Wartburg) 성으로 데려갔다. 가던 길에 몇몇 사람들이 그들 일행을 보기는 했지만, 그들은 변장한 루터를 작센의 공작 게오르크라고 생각할 뿐이었다. 이 납치는 루터를 보호하기 위한 기획의 실행이었던 것이다. 이렇게 하지 않으면 로마교회나 로마와 친밀한 다른 선제후들 혹은 심지어 카를 5세 조차도 루터를 해치려 하는 상황을 막을 수 없었기 때문이다.

12세기에 튀링겐의 백작에 의해 건축된 바르트부르크 성은 옛 동독 지역인 알프스 북부의 산자락에 위치해 있다. 사면이 가파른 벼랑으로 둘러싸인 천혜의 요새로서 루터 같은 요주의 인물이 은거하기에는 최적이었다. 이 성에는 이미 선제후 프리드리히의 지원 하에 시인들과 가수들이 활발히 활동하였다. 루터 이후에도 많은 문학가와 지성인들, 예술인들이 이 곳을 거처로 삼았다. 괴테는 이곳에서 문학적 시상을 얻었으며, 바그너는 오페라를 작곡하고 공연하였다. 바그너의 유명한 가극 '탄호이저'는 이 성에서 최초로 공연되었다.

루터 역시 근 1년 동안 이 성에 은거하였다. 그는 이곳을 자신의 '밧모섬'

루터는 외진 곳에 있는 바르트부르크 성에 은거하면서 그의 사상을 정리하고 성서를 독일어로 번역했다.

즉, 사도 요한이 유배생활을 했던 곳으로 묘사했다. 과연 그곳은 루터의 밧모섬이었다. 그는 이곳에서 지내는 1년 여 동안 정말 많은 일들을 해냈다. 먼저 그는 헬라어 신약성서를 독일어로 번역하고 여러 편의 논문을 썼다. 성서 번역은 루터의 종교개혁에 있어서 가장 중요한 일이 되었다. 당시 라틴어로만 진행되던 예배는 신자들의 영적 갈급함을 채워주지 못하였고, 성서의 번역을 금지하고 개인적인 소지를 금하였기에 일반 신자들은 단지 성직자의 강해를 통하여서만 성서를 접할 수 있었다. 그러나 서민들의 언어로 번역된 성서는 대중들로 하여금 성서의 참 뜻에 다가갈 수 있게 하였고 교회의 가르침과 루터의 주장이 어떤 차이가 있는지를 깨닫게 하였다. 루터의 독일어 성서를 읽기 시작한 사람들은 이제 루터의 열렬한 지지자들로서 개혁의 동지들이 될 수 있었다. 바르트부르크 성의 한 작은 골방에서 종교개혁의 강력한 연료, 루터 개혁의 새로운 길이 열린 것이었다.

투쟁의 길
하이델베르크, 아우구스부르크 그리고 보름스

하이델베르크 논쟁

루터의 삶은 한 마디로 투쟁의 삶이라고 할 수 있다. 그는 평생에 그가 신념으로 품고 살아 온 십자가 은혜로 인간이 새 삶을 살게 된다는 주장을 굽힘없이 펼쳐 왔다. 그의 대적들은 항상 그의 빈틈을 노렸고 그가 어느 순간 잘못된 이야기나 논리에 빠져들지 않을지를 살폈다. 그러나 루터는 담대한 동시에 치열하기도 했다. 그는 그에게 도전하는 모든 논쟁에 대해 담대했기도 했지만 철저하고 확고한 논증으로 그 모든 상황을 이겨나가기도 했다.

루터가 처음 논쟁을 벌인 곳은 하이델베르크(Heidelberg)였다. 독일 비텐베르크 모든 성인의 교회에 로마교회와 면죄부를 반대하는 반박문이 붙었다는 이야기는 곧 독일 전체와 유럽 그리고 로마에까지 퍼져 나갔다. 사실 루터는 자신의 95개조 반박문을 마인쯔의 알브레히트 대주교에게 보내기도 했는데, 아마도 루터 생각에는 마인쯔의 대주교가 이 문제에 대해 진지하게 생각하고 교회 차원에서 무언가 대안을 내놓으리라고 생각을 한 모양이었다. 그런데 실제는 그렇지 않았다. 루터의 편지를 받은 마인쯔의 대주교는 당장 그것이 무엇을 의미하는지 알아차렸다. 그리고 사안의 중요성을 고려, 편지를 곧바로 로마 교황청으로 보냈다. 문제는 로마 교황청이었다.

95개조 반박문이 가졌던 파급력은 대단한 것이었다. 반박문을 발표한 지 6개월도 되지 않아 루터는 유명인사가 되어 있었다. 로마교회는 결국 그를 만나기로 했다. 하이델베르크에 서였다.

그들은 이 편지를 받고서 즉시 대응하지 않았다. 대수롭지 않게 생각한 것으로 보인다. 교황은 "루터는 독일인이 아닌가? 아마도 술에서 깨어나면 정신을 차릴 것이다."라고 말하기도 했다. 교황과 교황청 지도자들은 곧 이 사안을 루터가 소속된 아우구스티누스 엄수파 수도회로 넘기기로 했다. 매 3년마다 열리는 아우구스티누스 수도회 분회의 회의가 하이델베르크에서 열리는 것에 맞추어 수도회 자체에서 이 사안을 다루도록 한 것이다.

그래서 루터는 비텐베르크 교회에 반박문을 게시한 지 6개월이 지난 1518년 5월에 하이델베르크에 출두하게 되었다. 사실 루터가 이 반박문에 대해 소명하기 위해서만 하이델베르크에 간 것은 아니었다. 그 스스로도 사제로서 자신이 담당하는 관구에 대한 보고와 아우구스티누스 수도회 창시자 아우구스티누스의 신학에 대한 변호를 다루어야할 책임이 있었다. 루터의 동료들은 그가 테러를 당할 수도 있다는 사실을 주지시켰다. 그러나 루터는 하이델베르크로 가는 길을 주저하지 않았다. 그는 개혁적인 자세나 면죄부에 대한 논쟁을 불러일으킨 장본인으로서보다는 수도회의 한 구성원으로서 책임감을 더 크게 느꼈다.

실제로 루터의 하이델베르크 논쟁은 면죄부에 대한 것보다는 아우구스티누스에 대한 것이 훨씬 더 많았다. 루터는 여기서 아우구스티누스의 신학이 얼마나 바울의 신학적 입장에 명료하게 근거하고 있는지 그리고 하나님의 아들 예수 그리스도의 십자가 고난에 대한 신앙이 얼마나 중요한 것인지에 대해 언급했다. 하이델베르크에 모인 아우구스티누스 수도회 수도사들 가운데 젊은이들은 루터에게 열광했다. 그 지역 백작 한 사람은 그를 식사에 초대하고 극진하게 대접하기도 했다. 하이델베르크에서 루터는 그의 95개조 자체에 대한 논증보다는 그의 향후 종교개혁 여정이 다룰 큰 방향을 다루었다. 그는 바울과 아우구스티누스 신학을 변호하며, 동시에 예수 그리스도의 십자가에 대한 신앙이야 말로 가능성 없는 인간의 참 모습과 구원의 길을 이해하는데 결정적인 기반이라는 것을 주장할 수 있었다.

루터의 하이델베르크 논쟁은 그러나 엉뚱한 곳에서 반대자들의 불길을 일으키게 했다. 하이델베르크 논쟁에서 아우구스티누스 수도회는 생각보다 미온적인 반응을 보였다. 로마교회는 결국 루터 문제를 아우구스티누스 수도회보다는 그 경쟁상대인 도미니크 수도회에 넘기기로 했다. 도미니크 수도회가 테젤의 면죄부 판매에 대해 적극적인 지지를 보냈고 테젤에게 신학박사 학위를 수여한 것이 주효했다. 일단 도미니크 수도회가 사안을 주도하게 되자 루터에 대한 공격 고삐는 더욱 조여졌다. 교황청 신학 장관인 프리에리아스(Sylverster Prierias)는 루터를 공격할 논조를 정리했고 로마교회는 루터를 로마로 소환하기로 했다. 만일 루터가 로마로 가는 소환에 응하기라도 하면 그가 화형대 위에 서는 것은 시간 문제였다. 루터에게 큰 위기가 아닐 수 없었다.

아우구스부르크 논쟁과 라이프찌히 논쟁

루터에 대한 로마의 소환장에 명시된 답변 기한은 60일이었다. 루터는 작센의 선제후 프리드리히에게 자신의 로마 소환을 막아달라고 편지를 썼다. 사안의 중대성을 간파하고 있던 선제후 프리드리히는 루터를 보호하면서도 다른 한 편으로는 보호하지 않는 것 같은 태도를 취했다. 현명한 프리드리히는 중립 입장을 취하는 듯 하는 와중에 루터가 로마로 송환되는 것을 막았다. 프리드리히의 이런 노력은 로마 교황청의 입장에서는 매우 곤혹스

루터는 아우구스부르크에서 로마 교황청과 만나 처음으로 제대로 된 논쟁을 벌였다. 그림은 아우구스부르크에서 이루어진 교황청 대사 카예탄과의 논쟁 장면이다.

런 것이었다. 결국 교황청이 선택한 방법은 교황청의 대사가 독일로 와서 루터를 심문하는 것이었다. 결국 황실과 교황청은 루터를 제국의회에 소환하여 심문하는 것으로 최종 합의했다.

프리드리히는 실제로 로마 교황청에게도 기회를 주었다. 교황청 대사인 카예탄으로 하여금 루터를 개인적으로 심문할 수 있게 한 것이다. 장소는 아우구스부르크(Augusburg)였다. 카예탄은 주도면밀한 사람이었고, 교황청에 대한 충성도가 남달랐다. 결국 프리드리히가 주선한 루터에 대한 심문에 카예탄을 투입한 것은 교황청의 고육지책이었으면서도 매우 적절한 것이었다. 루터는 교황청이 카예탄을 통해 자신을 단죄하려는 의도를 충분히 간파하고 있었다. 이제 루터는 더 이상 심문을 피할 수 없게 되었다. 결국 루터는 내키지 않는 길을 나서야 했다. 아우구스부르크로 향하는 루터의 길에는 루터의 고심이 자욱한 안개처럼 깔렸다. 로마교회와의 대치 국면으로 번져가는 현실이 맞는 것인지 고민했다. 자신이 주장했던 것들이 자신만의 독단적 주장은 아니었는지를 고민했다.

아우구스부르크 논쟁의 초기 상황은 카예탄이 우세한 듯 했다. 로마 사절단의 대표 카예탄의 임무는 루터에 대한 심문만이 아니었다. 그의 또 하나의 임무는 투르크족의 침략에 대항할 십자군을 구성하는 것이었다. 이를 위해 독일 등 북부유럽의 동참을 얻어내는 것이 그의 아우구스부르크 행의 또 하나의 목적이기도 했다. 처음에는 분위기가 의도대로 되어가는 듯 했다. 독일 지도층들은 십자군 구성에 긍정적이었다. 특히 신성로마제국 황제 막시

밀리안은 로마교회의 수호자로 자청하고 나서기도 했다. 독일 내에서 카예탄은 극진한 예우를 받았다. 이제 루터 문제만 잘 해결하면 전리품을 들고 당당히 로마로 돌아갈 수 있게 되었다. 그런데 점차 상황은 꼬여만 갔다. 중앙의 태도와는 달리 독일 내 각 주의 실질적 영향력을 가지고 있던 제후들이 십자군 참전을 주저했고, 국민들은 십자군을 위한 세금 갹출에 반대했다. 결국 환영받던 분위기는 일순간 사그러들었다. 루터 문제마저 카예탄의 예상을 넘어 골치 아픈 논쟁의 길로 들어가고 있었다.

카예탄과 루터의 아우구스부르크 논쟁의 주된 주제는 교황의 권위에 대한 것이었다. 루터의 입장은 매우 강경했다. 그는 "교황의 권위가 성경의 권위를 능가한다 점을 반대한다."고 선언했다. 카예탄은 처음에 매우 온화하게 루터를 설득했다. 그러나 루터의 강경한 태도에 자신의 태도를 바꿨다. 루터에게는 말할 기회도 주지 않았고, 주장을 취소하라고 협박했다. 기어코는 결렬을 외치며 루터를 심문장에서 쫓아냈다. 루터는 심문장에서 나와 다시 호출을 받을 때까지 아우구스부르크에 머물렀다. 그러나 호출은 더 이상 없었다. 추기경이 자기를 체포해서 로마로 압송할 것이라는 소문이 루터를 옥죄어왔다. 실제로 아우구스부르크 성문의 경비는 더욱 삼엄해졌다. 결국 루터는 자신에게 동조하는 사람들의 도움을 받아 은밀히 성을 빠져나와 비텐베르크로 돌아왔다. 카예탄은 프리드리히에게 도망친 루터를 내놓으라고 공개적으로 요구했다. 프리드리히는 루터 보호의 명분을 다시 찾아야 했다.

그러나 아우구스부르크로부터 비텐베르크로 돌아오는 길은 루터의 신념을 더욱 강하게 만들었다. 비록 일시적 위협상황을 피해 도피했지만 교황의 권위에 대한 그의 확고한 입장과 면죄부에 대한 그의 주장은 철회되지도 훼손되지도 않았다. 오히려 개혁 의지는 더욱 강화되었고 차제에 있을지도 모를 같은 상황을 위한 준비에 진력했다.

교황청은 다시 잉골슈타트의 에크(Johann Eck)를 보내 루터와의 논쟁에 불을 지폈다. 라이프찌히(Leipzig) 논쟁이 시작된 것이다. 대체적으로 라이프찌히 대학 측은 로마 교황청을 옹호했고, 루터가 속한 비텐베르크 대학측

요한 에크는 카예탄보다도 더 잘 준비된 교황청의 대사였다. 루터가 에크와 벌인 라이프찌히에서의 논쟁은 굉장히 과격한 것이었다. 루터는 매우 논쟁적인 에크와 힘겨운 싸움을 벌였다.

은 교황의 권위에 대한 성서의 권위 우세를 주장했다. 양 대학이 에크의 제안에 따라 작센의 공작 게오르크의 성에 모였다. 루터는 비텐베르크 대학의 대표로서 교황과 로마교회의 권위가 신자들이 개별적으로 성경을 읽고 믿을 권위보다 높지 않다고 주장했다. 라이프찌히 논쟁은 루터로 하여금 개혁 의지와 개혁적 입장을 보다 더 명료히 견지하도록 이끌었다. 그리고 교회의 새로운 질서에 대한 확고한 입장을 세우게 했다. 루터는 선언했다. "나는 자유롭게 믿고 싶소. 교회의 회의, 대학, 교황 할 것 없이 누구의 종도 되고 싶지 않소." 이제 루터는 돌아올 수 없는 길로 접어들고 있었다.

보름스 논쟁

상황은 급박하게 돌아갔다. 로마 교황청은 루터를 파문하는 교서를 내렸다. 루터의 모든 문서와 책들은 공개적으로 불태워졌다. 이 일을 위해 요한 에크와 알레안드로(Girolamo Aleandro)가 특임대사로 임명 되었다. 그들은 유럽 각 지역을 다니며 교황의 교서를 선포하고 루터의 입장을 담은 책과 자료를 소각하는 책임을 맡았다. 그러나 그 임무 수행은 결코 쉬운 일이 아니었다. 그들은 가는 곳마다 사람들에게서 야유를 받았.

로마 교황청은 보다 강력한 조처를 취해야 할 필요를 느꼈다. 교황청은 루터에게 교서를 내렸다. 그러나 루터는「적그리스도의 저주스러운 교서 반박」을 통해서 교서를 반박했다. 그리고 교서를 쓴 사람이야 말로 적그리스

보름스 국회에 소환 당한 루터는 자칫 큰 위기에 직면할 수 있었다. 그러나 그는 이곳에서도 역시 담대했다. 그는 어느 곳에서의 논쟁보다도 더 확실한 자세로 자신의 개혁적 입장을 견지했다.

도라고 주장했다.

　이제 로마 교황청의 입장을 지지하는 쪽과 루터를 지지하는 쪽이 선명히 갈라지기 시작했다. 결국 양측은 입장을 정리해야할 필요를 느꼈다. 양측은 로마나 비텐베르크가 아닌 중립지대로 여겨지는 보름스에서 열리는 독일 제국 국회에서 청문회를 갖는 것으로 의견을 모았다. 물론 이 절묘한 안 역시 프리드리히 선제후의 중재를 통해 이뤄졌다.

　루터에게는 즉시 소환장이 발부되었다. 루터가 국회에 선 것은 1521년 4월 16일이었다. 트리어의 에크(Johann Eck, 잉골슈타트의 에크와는 다른 인물)가 루터를 심문했다. 그는 루터에게 교황제도를 부정하는 「교회의 바빌론 유수」등의 책을 저술했는지 물었다. 루터는 그렇다고 대답했다. 루터의 저술임을 확인한 에크는 강경하게 비난을 퍼부었다. 그러자 루터는 "이것은 하나님과 그분의 말씀에 관계됩니다. 영혼의 구원 문제가 여기 달려 있습니

2부 루터의 길　**143**

다. 이것을 두고 그리스도께서는 누구든지 사람 앞에서 나를 부인한다면 나도 내 아버지 앞에서 그를 부인하리라 말씀하신 겁니다."라고 말했다. 루터는 둘째 날에도 자신의 주장을 굽히지 않았다. 전 날보다 더 확신에 찬 그리고 큰 목소리로 교황제도부정을 철회할 뜻이 없다고 선언했다. 루터는 독일어로 심문에 대답했다. 그러나 국회는 라틴어로 말하라고 명령했다. 그러자 루터는 두 팔을 높이 든 채, 라틴어로 자기 주장을 크게 외쳤다.

보름스 국회에서의 루터의 모습을 지켜본 선제후 프리드리히는 루터의 모습이 멋졌다며 루터를 추켜세웠다. 그러나 한편으로는 루터의 강경한 태도가 걱정스러웠다. 이런 걱정에 부합하게도 카를 황제는 루터를 이단으로 고소하겠다고 칙령을 선포했다. 황제의 칙령은 교황청측 사람들에 의해 제국법정으로 넘겨졌다. 그리고 이 고소는 정당성을 인정받아 통과되었다. 그러나 루터 지지자들은 국회와 법정의 행위가 부당하다고 주장했다. 형평성을 잃은 일방적 처사로서 무효라고 주장했다. 보름스 국회의 결정은 사태를 봉합하지 못했고 상황은 더욱 어지러워졌다. 보름스 국회를 떠나는 루터의 길에는 혼란과 위험이 도사리고 있었다. 마차 위에 앉은 루터는 그 혼란과 위험을 이길 힘이 교회와 신자의 참된 믿음임을 읊조리고 있었다.

개혁가, 그 내면의 길
비텐베르크, 바르트부르크

십자가 신앙

　루터의 진리의 재건을 위한 투쟁의 길에서 간과할 수 없는 것이 있다. 즉 루터 내면에서 루터를 지지하고 있는 복음에 대한 확실성이었다. 루터의 외적 강고함은 실은 내면의 치열한 고뇌와 자신과의 논쟁의 결과였다. 개혁가로서의 루터의 삶은 복음과 진리에 대한 단호함과 그것을 지키기 위한 철저함의 길이었다.
　1517년 루터의 95개조 반박문이 제기된 이래, 로마 교회는 곤혹스러웠다. 5개월도 채 지나기 전에 유럽 전역으로 퍼져나간 반박문이 미칠 영향이 명약관화했다. 어떻게든 저지해야 했다. 로마교회는 우선 루터를 논쟁의 자리에 불러 세우기로 했다. 루터는 자신이 외치고 선포하며 논쟁하고 투쟁해야 할 일들에 대해 분명한 입장을 취했다. 논쟁은 오히려 루터를 더 강고하게 했고 그의 신념을 강화시켰다. 루터의 로마교회의 권위에 대한 비판, 성서의 우위, 면죄부의 부당성에 대한 신념은 그의 내면이 강화되게 하는 중요한 테제에 기반하고 있었다. 그것은 곧 '십자가' 신앙이었다.

1518년을 넘어서면서 루터는 고난에 대한 묵상을 정리했다. 그리고 십자가의 신학(Theologia crucie)이 참 신앙인의 길임을 제시했다. 이것은 당대교회의 저변에 흐르고 있던 영광의 신학(Theologia goliae)과는 명백히 대비되는 것이다. 루터의 십자가 신앙의 핵심은 "보이지 않는 하나님과 그 분의 뒷면"(등, posterior)을 수난과 십자가로 통찰하고 그것을 통해 숨어계신 하나님을 만나는 것이다. 루터의 이런 생각은 사실 출애굽기 33장 18절 이하에 있는 모세와 하나님 사이의 대화에 유비적으로 잘 나타나 있다. 모세는 "주의 영광을 내게 보이소서."라고 간구했다. 그러나 하나님의 대답은 다른 것이었다. 하나님은 이렇게 대답하셨다. "네가 내 얼굴을 보지 못하리니 나를 보고 살 자가 없음이니라." 모세는 영광으로 가득 찬 하나님의 얼굴을 보고자 했으나 하나님은 뒷면 즉 등만을 보여주셨다.

루터는 십자가 신앙을 통해서 참 신앙의 길, 참 인간의 길을 볼 수 있다고 생각했다. 루터에 의하면, 하나님은 참 인간됨, 참 신앙하는 삶의 모범으로서 예수 그리스도를 보여주셨다. 그러므로 하나님과 그 분의 뜻을 바르게 보려는 자는 예수를 보아야 한다. 예수를 본다는 것은 무엇을 의미하는가? 예수님의 십자가를 바라보는 것이다. 즉, 십자가에 대한 진지한 묵상과 따름에서 참 인간의 길과 참 신앙의 길이 가능한 것이다. 영광만을 좇는 자에게 십자가는 어리석은 것으로 여겨질 것이다. 그러나 십자가의 의미와 능력을 알고 그것으로 참 인간됨과 참 신앙의 길을 모색하는 이에게는 그것이 하나님의 능력이요, 하나님의 지혜요, 하나님 계시의 핵심이 되는 것이다. 결국 십자가에서 고난당하는 예수를 바라보는 것은 그 안에 숨어계신 하나님의 본질을 바라보는 것이며, 그의 고난에 참여하는 것이다.

    루터는 은혜의 핵심, 신앙의 핵심을 예수 그리스도의 십자가라고 말했다. 이것은 예수 그리스도를 통해 드러난 하나님의 사랑과 은혜로서, 이 사랑과 은혜가 인간을 구원하고, 이 길을 걷는 자가 진리에 선 사람이라는 것이다.

루터는 다른 무엇보다 십자가에 대한 신앙을 강조했다. 루터를 바르게 이해하는 출발점과 종착점은 십자가이다.

그는 이러한 논지를 하이델베르크 수도원, 로마 교황청의 음해와 거친 응대의 한복판에서 강고하면서도 명료하게 펼쳐냈다. 루터는 이제 십자가의 길로 접어들고 있었다.

영광의 신앙은 통찰력도 없고 합당한 것도 아니다. 자연으로부터 출발하여 하나님을 인식할 수 있다고 생각하는 신학자는 그리스도를 모르므로 고통보다 행적을, 어리석음 대신 지혜를 선호하기 때문에 십자가 고통에 감추어진 하나님(Absconditus Deus)를 결코 알지 못한다. 그러한 자들은 바울에 의하면 그리스도 십자가의 원수(빌 3:18)이다. 실제로 그들은 십자가의 고통을 혐오하고, 업적들과 그 영광을 좋아하며, 그리하여 십자가의 선을 악이라 여기고, 악의 행위를 선이라 부른다. 사람들은 자기 행위들에서 추론된 하나님에 대한 인식을 남용했기 때문에, 하나님은 그와 반대로 당신의 고통을 통해 인식되기를 원하셨고, 또 그리하여 가시적인 것에서부터 벗어난 새로운 하나님 인식을 입증하셨다……그러므로 어느 누구라도 그런 자연신학적 입장을 추구하는 이들이 하나님의 자기 비하와 십자가 사건을 인식하는 것은 가능하지 않았고, 십자가 신앙은 영광의 신앙을 추구하는 이들에게 전혀 도움이 되지 않았다. 이리하여 하나님은 이사야 예언자가 말한 대로, 지혜롭다는 자들의 지혜를 배척하셨다. 그리고 루터는 하나님의 십자가를 자신의 개혁의 여정의 핵심으로 삼았다.

신자들 앞에 놓인 성서

바르트부르크 성으로 간 루터는 보름스 국회에서 겪은 상황으로 인해 스트레스와 질병에 시달렸다. 우울증과 불면증이 가중되었다. 루터는 이것들을 극복하려 무던히 애를 썼다. 그 방법은 책을 집필하는 것이었다. 그는 바르트부르크 성에서 약 열 두 권의 책을 집필했다. 그의 이 시기 저술에서 최고의 것은, 신약성서를 독일어로 번역한 것이었다. 성서의 현지어 번역은 대중들에게 성서를 되돌려 주는 매우 중요하고 의미있는 일로서 루터의 사상을 이해하고 그의 주장에 동조하게 만드는데 크게 기여했다. 성서가 명확히 말하는 것을 루터가 말했고 루터가 옳다는 것을 확인하게 만들어 준 것이다.

루터 당시에도 이미 독일어 번역 성서는 있었다. 그런데 이 성서는 보급률이 지극히 저조했다. 무엇보다도 이 성서는 라틴어 성경을 번역한 것이었다. 이 성서의 번역은 난해했고 가독력이 떨어지는 번역으로, 외면당하고 있었다. 라틴어 본문을 그대로 직역했고, 신학적으로 중요한 문제들에 대한 신중성이 결여되어 있었다.

루터는 성서를 독일어로 번역하는 작업이 자신의 개혁 비전에 매우 중요함을 알았다. 그는 일반인들이 자신의 언어로 직접 성서를 읽을 기회를 갖는 것이 교황이나 사제를 통해서가 아닌, 자신의 믿음으로 구원을 얻는다는 것을 알게 하는 중요한 기반이라고 생각했다. 루터의 독일어 성서 번역은 신성로마제국 황실의 공식 언어이며 독일인 일반의 언어로의 번역이었다는 점에서 그 파급효과가 매우 컸고 이 독일어 번역성서로 인해 독일어의 발전 역시 괄목할 만하게 이뤄졌다.

　루터의 독일어 성서번역은 매우 신중하게 진행되었다. 루터는 성서 전체에 대한 서문과 서신서들의 서문도 작성했는데 이것은 성서를 읽는 이들로 하여금 성서를 일관되게 이해하는 것을 가능하게 했다. 또한 그는 성서에 관주를 추가하여 병행구를 표기했으며, 여백주기를 통해 성서 이해와 읽기를 도왔으며, 21개의 삽화를 삽입하여 성서의 내용을 보다 쉽게 이해할 수 있게 했다.

　루터의 성서 번역은 로마 가톨릭 교회나 사제들이 신자와 하나님 사이에서 매개체로서 작용하는 것을 막았다. 성서는 읽는 자에게 직접 이야기하며, 읽은 자는 자기의 신앙고백을 통해 하나님 앞에서 주체적 존재로 서야 한다는 루터의 생각이 성서번역에 박차를 가하게 한 주된 요소로 작용했다.

루터의 개혁사상은 구텐베르크의 금속활자 인쇄술의 영향으로 크게 확산되었다. 사진은 구텐베르크가 금속활자로 인쇄한 성서이다.

루터의 성서가 급속히 그리고 널리 퍼지게 된 것은 루터 이전에 개발된 구텐베르크의 활판 인쇄술 덕분이었다. 구텐베르크의 인쇄술은 로마 교회가 발행한 면죄부를 찍는데 사용되었지만 루터의 성서와 저술들이 대량으로 급속히 인쇄되어 보급되게 함으로써 혁명적 동인이 되었다. 루터의 성서가 처음으로 대량 인쇄된 것은 1522년 9월 비텐베르크의 인쇄업자 멜키오로 로터(Melkioro Roter)에 의해서였다. 무명의 비텐베르크 인쇄업자는 루터의 성서를 심혈을 기울여 인쇄 출판했다.

루터의 성서 번역과 출판 사업은 로마 교황청과 대중에게 즉시 알려졌다. 교황청은 루터의 번역본 성서와 저술의 판매 및 보급을 방해했고 금지했다. 루터의 번역이 가진 문제점을 비판하고 홍보했다. 그러나 집요한 방해에도 불구하고 루터의 성서는 들불처럼 신성로마제국 전역으로 퍼져나갔다. 루터의 신앙과 신학은 루터의 번역 성서를 통해 대중에게 다가갔고 그들은 루터적 신앙 안으로 들어왔다. 루터의 사상은 루터 자신이 번역한 성서에 기초하였고, 루터의 성서는 루터로 하여금 개혁의 길에서의 견고한 깃발로 작용했다. 그 깃발 아래로 새로운 신앙에 목마른 사람들이 모였다. 그들은 이제 교회가 제시하는 방식이 아닌 성서가 제시하는 방식의 신앙으로의 복귀의 길에 들어서게 된 것이다.

바벨론에 포로된 교회

중세기 서양 사상은 스콜라 철학에 기반을 두고 있다. 따라서 중세 교회의 신학도 스콜라철학을 기반에 둔 신학이라 할 수 있다. 그렇기에 당시 교회는 하나님의 은총보다는 인간의 가능성을 신뢰하였고 인간의 이성적, 체험적 노력을 통하여 의(iustitia)를 얻을 수 있다고 생각했다. 당시 교회는 오랜 세월 이어온 십자군 전쟁에의 복무를 죄 사함을 얻는 가장 좋은 길로 선전했으며(실제로 면죄부의 판매는 이때부터 시작되었다), 성지를 사수하고 순례함으로써 죄의 형벌을 면하고 덕을 쌓는다고 했다. 성자의 유물을 숭배하고 그의 유해를 공경하여 소유하는 것도 애초의 뜻과는 거리가 멀어져 그 자체들이 어떤 신비한 힘을 발휘하여 자신과 교회를 수호해 줄 것이라는 미신으로 전락하였다. 독신과 금욕 혹은 규칙적인 금식을 가장 신앙적인 행동으로 여겨 수많은 사람들이 수도사, 신부 혹은 수녀로 헌신했다.

중세 중기에서 말기에 이르러서는 성 베드로 성당을 증축하기 위한 면죄부 발행이 성행했다. 그러나 모금액의 절반은 마인쯔의 대주교 알브레히트가 후거은행에 진 빚을 갚기 위해 유용되었다. 면죄부 판매자들은 면죄부를 구입함으로써 죄의 형벌을 면할 수 있다고 선전했다. 또한 죄와 죽음에서의 해방은 인간이 선한 행위를 하여 공덕을 쌓음으로 얻을 수 있는 것이 아님에도 불구하고 당시 교회와 사회에 그런 생각이 널리 유포되어 있었다.

이 면죄부 발행은 루터의 가슴을 들끓게 했다. 로마서 주석을 강해하며 인간의 구원이 오직 믿음 안에서 주어지는 "하나님의 낯선 의"라는 성찰을 얻게 된 루터는 당연히 면죄부 판매가 비성서적인 것이라고 통렬히 비판했다. 뿐만 아니라 신자들은 고해성사의 그늘에 묶여 하나님과의 직접적 대면이 봉쇄되었으며, 성만찬에서 떡은 받아먹을 수 있었지만 포도주는 받지 못하고 있었다. 가톨릭의 성만찬 신학(화체설: 미사에서 떡과 포도주는 그리스도의 피와 살 그 자체로 본질이 변화한다)에 의하면, 포도주를 한 방울이라도 흘리는 것은 피를 흘리는 불경죄를 범하는 것으로 생각했기 때문이다.

신자들이 하나님을 알 수 있는 것은 오직 신부를 통해서였다. 성경은 상

루터의 종교개혁에서 가장 중요한 특징은 신자들 스스로 믿음을 통하여 구원의 길에 들어갈 수 있다는 것이었다. 루터는 무엇보다 신자들이 예배에서 사제들을 통하지 않고 신앙의 길을 열 수 있도록 했다.

류층의 언어인 라틴어로 쓰였고 미사는 라틴어로 집례가 진행 되었다. 신자들은 그야말로 '참여하는 자'가 아니라 '보는 자'로 전락된 것이다.

율법과 선행이 중시되는 사회 안에서 중세의 사람들이 지고 있던 짐은 너무나 무거웠다. 중세의 스콜라 철학과 신학은 바벨론이었다. 신자는 그에 포로된 노예로 여겨졌다. 이런 상황을 일컬어 루터는 "교회의 바벨론 포로"라고 말했다. 유명한 루터의 3대 종교개혁 논문 중 하나인 "교회의 바벨론 포로"는 이런 속박에서 자유를 주는 것이었다. 그는 바르트부르크 성에서 성서를 번역함으로써 모든 이들이 성서를 읽을 수 있게 했으며, 라틴어 미사를 독일어 미사로 대체함으로써 신자들의 능동적 참여를 가능케 했다. 고해성사를 통해서가 아니라 모든 신자는 하나님께 나아갈 수 있었으며(만인제사장), 신부와 수녀의 결혼을 허용함으로써, 금욕과 고행 너머에 있는 사랑의 신비를 가정 안에서 얻게 했다.

옛사람은 죽고 새사람이 되는 하나님을 믿는 믿음 안에서 신자는 자유하다. 그는 모든 것에서 주체가 되며 인간적인 계율이나 권위, 그리고 율법에서 자유로운 것이다. 하나님과 교회의 이름으로 수행되는 것일지라도(예배와 헌금과 조직과 행사와 규칙 등) 인간을 얽매어 하나님께 이르는 길을 막는다면 그것은 명백히 잘못된 것이다. 그러므로 교회는 모든 신자들이 믿음 안에서 마음껏 자유를 누리도록 이끌어야 한다. 예수의 삶은 율법이 자아내는 온갖 속박에서 죄인들을 풀어주며 자유하게 하는 것이었다. 그러므로 예수의 공동체는 자유함을 주는 공동체이어야 하는 것이다.

루터는 당대의 신자들이 바벨론에 포로로 잡힌 것과 같다고 생각했다. 이들에게 자유를 주는 것, 그것은 본질의 회복에서부터 시작된다고 보았고 그것은 성서가 명백히 말하는 것에 기초한다고 생각했다. 성서는 자유하게 한다. 루터는 당대 교회가 가두고 있는 신자들에게 자유를 준 '해방자'였다. 루터는 그 길에서 치열하게 고민했으며 논쟁했다. 근대 교회의 건강한 모델이, 성서에 기초한 교회의 길이 루터에게서부터 시작되었다.

교회에 대한 새로운 지평

바르트부르크에 들어가 숨어있는 동안 루터는 그가 이제껏 주장했던 신념들을 신학적으로, 성서적으로 정리하는 시간을 가졌다. 아울러 그가 관심을 가졌던 것은 그의 추종자들에게 안정적인 신앙생활의 틀과 내용, 방식을 제공하는 것이었다. 소위 개신교회를 세우기 시작한 것이다. 그의 교회에 대한 새로운 생각은 비텐베르크로 복귀한 후 본격적으로 현실화되기 시작했다.

루터는 성서에 기초한 교회, 성서에 기초한 예배를 지향했다. 그는 가톨릭교회가 원래 가지고 있던 교회와 예배의 모습에서 과도한 변화를 추구하지는 않았다. 그래서 그는 기본적으로 성직자의 역할과 기능에 대해서도 어느 정도 인정하면서 동시에 교회로 나오는 평신도들이 보다 점진적으로 그리고 주체적으로 교회 활동에 참여할 수 있도록 교회를 갱신해 나갔다. 그는 특별히 예배 부분에서 이런 생각들을 반영하려 노력했는데, 성찬과 성서 중심의 복음적 설교에 무게 중심을 두었고, 독일어로 된 찬송가를 부르는 것을 권장했다. 나아가 보다 참여적이면서도 예배전통의 요소들을 지나치게 제거하지 않은 예배문을 만들었다. 루터의 관심은 성서 기반의 교회, 성서 안에서의 예배, 성서 중심의 신앙이었다.

　루터는 기본적으로 예배에서의 음악적 요소를 중요하게 여겼다. 그것이 하나님을 향한 찬양이 될 때에 가치 있는 것으로 생각했다. 루터는 예배와

루터는 교회가 사제들이 독점하는 권력이 아닌 성서 자체에 기반하여 굳건하게 서야 한다고 보았다. 결국 루터가 연 새로운 신앙의 길에 의하면 교회의 예배의 기준은 언제나 어디서든 성서이어야 한다.

신자의 생활에 있어서 음악의 중요성을 이해하고 있었다. 그리하여 루터는 그 자신이 찬송을 지어(내 주는 강한 성이요 등 40여곡) 회중들에게 부르게 했다. 이 찬송들은 오늘날 개신교 찬송가의 원형인 '코랄(choral)'의 원조라고 할 수 있다. 그는 또한 수난곡과 오라토리오, 칸타타 등도 교회에서 시연하게 했다.

루터는 "음악은 신학 다음으로 하나님께서 주신 멋진 선물이다. 나는 보다 큰 견지에서 음악에 대한 나의 작은 지식을 결코 포기할 수 없다. 젊은이들은 이 음악을 아주 잘 연주할 수 있도록 교육되어야만 한다."고 했으며, "나는 일부 극단적인 영성운동가들(super-spiritual people)이 반대하며 말하는 것처럼, 복음서에 제시되어 있지 않은 모든 예술들은 버려지고 제거되어야 한다고 주장하는 견해에 대해 전혀 동조하지 않는다. 오히려 나는 모든 예술들 특히 음악을, 그것을 창조하시고 우리에게 주신 하나님께 예배하는 데 있어서 사용하는 것을 매우 좋게 여긴다."고 말했다.

그런데 루터에게서 독특하게 보이는 한 가지 주장이 있는데, 그것은 바로 오르간 사용에 관한 것이었다. 오르간을 철저히 배격한 듯해 보이는 글이 있다. 그는 "하나님께 드리는 예배에 있어서 오르간은 바알의 표상이다. 로마 가톨릭이 그것을 유대인에게서 가져왔다"고 말한 것이다. 이 문구는 교회에서 단성부 찬양만을 주장하며 모든 악기를 거부하는 사람들이 즐겨 인용하는 부분이다. 그러나 루터의 이 말은 사실 예배에서 하나님을 향한 경배의 행위가 아닌 인간의 음악적 재능과 기교를 드러내고 그것을 통해 인간의 감성을 만족시키려는 행위를 경계한 것이다. 루터는 당대 자신이 새롭게 구축하는 교회에서 음악이 예수 그리스도를 통해 드러난 하나님의 사랑을 바르게 표현하고 감사하는 도구가 되기를 바란 것이다.

이런 점에서 루터가 오르간을 언급하면서 남긴 말은 오늘날 우리들에게도 깊이 생각할 이유를 준다. 루터가 볼 때 당대 교회의 오르간 연주는 하나님을 향한 예배를 빙자하여 사람을 향해 울려 퍼지게 하는 화려한 우상숭배에 지나지 않았다. 그것은 모세가 시내산에 올라가 있는 동안 군중들이 벌인 송아지 예배와 다를 바 없는 행위였다. 하나님을 향한 진정한 고백과 찬양, 말씀과 성례전을 통한 하나님의 은총이 배제된 음악, 사람을 위하여 기교만 찬란한 음악은 중세후기 가톨릭의 알맹이 없이 화려하기만 한 미사와 다를 바 없는 빈껍데기 예배일뿐이었다.

오르간에 대한 루터의 단상은 루터가 그의 종교개혁과 개신교회 구축의 여정에서 얼마나 조밀하게 고민하고 성찰하며 구체적으로 실천했는지를 단적으로 보여주는 증거이다. 루터는 교회가 바알 숭배로 표상되는 우상숭배의 일환으로 오르간을 활용하지 않기를 원했다. 오르간을 예배에서 활용하려거든 하나님과 예수 그리스도의 십자가 사랑이 온전하게 드러나도록 해야 한다는 것이다. 단순히 오르간 자체를 거부한 것이 아니라는 것이다. 루터의 음악적 소양과 유산은 당대 교회의 예배에서는 물론 근대 음악의 발전에서 귀중한 역할을 했다. 그의 열정으로 예배의 아름다움과 신앙적 표현이 보다 풍부하고 깊어지게 되는 길이 열렸다고 할 수 있다.

동역자와 걷는 길
비텐베르크

동역자 요하네스 부겐하겐

    1517년 95개조 반박문이 비텐베르크 모든 성인의 교회에 게시된 이후 루터는 개혁자로서의 삶을 치열하게 살았다. 그런데 그렇게 전쟁터 최전선의 장군과 같던 그의 모습은 바르트부르크 시절을 지나면서 조금씩 변하게 된다. 그는 이제 혼자서 투쟁하는 혁명가 혹은 개혁가가 아니었다. 그에게는 이제 추종자들이 생겼다. 그를 따르는 무리들도 생겼다. 그에게 동조하는 독일과 유럽의 평범한 시민들과 농민들이 있었다. 그는 이제부터 그 모든 이들의 지도자가 되어야 했다. 그런데 문제는 지도자로서의 길은 홀로 갈 수 없다는 것이다. 작은 산채의 두목이 되는 것이 아닌 한 루터는 종교개혁가로서 그의 의지에 동의하는 이들에게 종교적인, 혹은 일상의 삶을 안내해야 했다. 그러자면 그 모든 일들을 동역자들과 함께 하는 것은 필수적인 것이

된다. 그 동역자들이 뜻만 같이 하고 실제적인 길을 동행하지 않는 말 뿐인 동역자가 아니라면 말이다.

결과적으로 루터의 종교개혁 헌신에는 분명 동역자들이 있었다. 당장은 그의 부인 카타리나가 그랬다. 그녀의 헌신과 동역은 참으로 멋진 것이었고, 루터의 일생에 걸쳐 그 어떤 동역자들도 해내지 못한 위대한 동역자였다. 루

루터 최고의 동역자는 역시 필립 맬랑히톤이다. 그는 멋진 신학자였으며 루터 개혁의 진정한 동반자였다.

터의 동역자 가운데에는 훌륭한 신학자 멜랑히톤(Philip Melanchthon)이 있었다. 그는 하이델베르크에서 공부한 뒤 약관의 나이 21세에 루터가 있는 비텐베르크대학의 헬라어 교수로 초빙되어 왔다. 일찍부터 두각을 나타낸 멜랑히톤은 이후 루터의 개혁운동에서 핵심 중의 핵심 역할을 감당했고 무엇보다 개신교 신학을 정립하는데 크게 기여했다. 멜랑히톤 외에도 루터의 동역자 가운데는 크라나흐(Lucas Cranach)도 있었다. 그는 원래 화가였으나 나중에는 약국과 출판사를 겸하여 운영하기도 했으며 루터의 종교개혁 후반기에는 비텐베르크시의 시장이 되어 루터를 돕기도 했다. 그런데 루터의 동역자 가운데 우리가 빼놓지 않고 이야기해야 할 한 사람이 있다. 바로 루터가 "포메라니아의 박사(Doctor Pomeranus)"라고 칭송하여 불렸던 요하네스 부겐하겐(Johannes Bugenhagen, 1485년~1558년)이다.

부겐하겐은 1485년에 포메라니아의 볼린(Wollin, Pomerania)이라는 곳에서 태어났다. 그는 1502년에 그립스발트에서 인문주의를 연구했고, 1509년에 신부와 성서교사로서 서품을 받았다. 그는 1521년 루터의 저작 「교회의 바벨론 포로」라는 책에 대하여 신랄한 비판을 가했다. 그러나 후에는 루터 사상에 관심을 갖게 되었고 비텐베르크에서 활동하면서부터 루터의 평생 후원자가 되었다. 그는 1523년부터 비텐베르크 최초의 개신교회 목사로서 활동했는데 이때 그는 이미 결혼을 한 상태였기 때문에 결혼한 성직자가 목회사역을 감당하는 사례를 남겼다. 루터에게 무엇보다 중요한 일은 부겐하겐이 그의 개인적인 고해를 들어주는 목회자로서 그리고 신앙적 조언자 역

우리가 아는 한 부겐하겐은 루터의 종교개혁이 만들어 낸 최초의 개신교 목회자였다.

할을 다했다는 것이다. 부겐하겐은 이외에도 1525년에 루터가 카타리나 폰 보라와 결혼할 때에는 주례자가 되었고 그의 자녀들에게 세례를 베풀기도 했다. 그는 또한 비텐베르크 대학에서 성서 해석에 관한 강의하였고, 종교 개혁이 한창일 때에 북부독일과 스칸디나비아(덴마크, 노르웨이)에서 종교 개혁의 훌륭한 조직가요 가장 영향력 있는 인물로 활동하였다. 그래서 그는 이 사역으로 북부의 두 번째 사도라는 칭호를 얻기도 했다. 그는 이후에도 매우 열정적으로 종교개혁에 헌신했다. 특히 브라운슈바이히(Braun-schweig), 함부르크(Hamburg), 뤼벡(Lübeck), 포메른(Pomern), 덴마크 등에 개신교 교회를 세웠으며, 루터가 1539년부터 1541년에 독일어로 성서를 번역할 때 함께했고, 가난한 사람들을 돕는 일, 학교 설립을 특별히 강조했다. 그는 무엇보다 루터의 예배개혁을 이끌고 목회적인 갱신을 이루는데 큰 역할을 했다. 부겐하겐은 1539년 작센 지역의 지방장관이 되었다. 그리고 마틴 루터가 서거한 후에는 루터의 부인과 아이들을 돌봐주었다.

루터의 집에는 카타리나가 있었고 대학에는 멜랑히톤이 있었으며, 또 비텐베르크 시에는 크라나흐가 있었다. 그러나 루터의 영혼과 늘 동행한 것은 아마도 이 사람 부겐하겐이었을 것이다. 길에는 친구가 있다. 길에는 스승이 있다. 루터의 길은 결코 홀로 가는 길이 아니었다.

루터의 결혼

흥미롭게도 루터는 그의 개혁적인 실천들이 한참 진행되던 1525년 늦깎이 결혼생활을 시작했다. 그 해 6월 13일 저녁 무렵의 일이었다. 42세의 마틴 루터와 16세 연하였던 카타리나 폰 보라(Katharina von Bora, 1499년~1552년)는 비텐베르크에 있는 루터의 집에서 결혼했다. 카타리나는 1523년 봄 그림마(Grimma) 근처에 있던 님프취(Nimptsch) 수녀원을 탈출한 아홉 명의 수녀들 중 한명이었다. 루터는 탈출한 수녀들을 모두 결혼 시킨 후 마지막으로 남은 카타리나와 결혼했다. 카타리나는 사실 아름다운 여성은 아니었다. 그러나 부지런하고 힘이 세고 무엇보다 지적인 여성이었다. 이들의 결혼은 앞에 언급한 루터의 조언자였으며 크라나흐와 비텐베르크 교회의 목사였던 요하네스 부겐하겐(Johannes Bugenhagen)의 주례로 거행되었다. 부겐하겐은 이들 부부의 결혼을 축하하여 반지를 선물로 주었다. 유스투스 요나스(Justus Jonas)와 변호사 요한 아펠(Johann Apel), 루카스 크라나흐(Lucas Cranach)와 그 부인이 함께 결혼식에 참석했다. 이 결혼을 위해 비텐베르크 의회는 은화 20굴덴의 축의금과 잘 익은 맥주 1배럴, 품질이 좋은 포도주를 보내주었다. 또한 선제후는 100굴덴을 보내었고, 마인쯔의 대주

루터와 그의 부인 카타리나. 카타리나는 루터 개혁운동의 가장 주요한 동역자였다.

교 알브레히트는 루터가 받지 않으려 하는 축의금, 금화 20굴덴을 카타리나에게 보냈다. 예식을 마친 후에는 여느 결혼식처럼 조촐한 피로연을 가졌고, 2주 후 비텐베르크의 주민들이 참석한 성대한 피로연도 열렸다. 루터가 결혼 한 후에는 칼슈타트(Karlstadt), 요나스, 부겐하겐 등도 루터의 뒤를 따라 결혼했다. 루터와 카타리나는 생전 3명의 아들(Hans, Martin, Paul)과 3명의 딸(Elisabeth, Magdalena, Margarethe)을 두었다.

사실 루터의 모든 개혁 동지들이 그 결혼을 축하한 것은 아니다. 비텐베르크의 친구들은 전직 수녀와의 결혼을 만류했다. 결혼으로 인하여 루터를 떠난 이들도 있었다. 필립 멜랑히톤은 이 결혼을 "불행한 행동"이라고 비난하였다. 또한 루터의 결혼은 대적 가톨릭교회의 맹렬한 비난을 불러 일으켰다.

그러나 루터의 결혼은 단순히 파계한 한 사제와 수녀의 결혼사건에 그치는 것은 아니었다. 그의 결혼은 종교개혁 운동의 중요한 추진력이 되었다. 루터는 자신의 결혼을 통하여 교회 안에 가정의 중요성을 되돌려 주었다. 사실 이 결혼은 독신을 가장 높은 차원의 종교적 삶으로 받아들이던 당대의 풍토에서, 가정생활이 결코 성적 욕망을 다스리지 못하는 자들이 선택하는 차선책이 아니라는 것, 하나님께서 친히 허락하신 성스럽고 아름다운 것임을 역설한 사건이었다. 또한 기독교 신앙이 독신의 삶에서 안턱에 이르는 것이 아니라 가장 일반적인 평범한 삶의 형태 안에서 비로소 완성됨을 말해 준 것이었다. 사실 당시에 성직자들 중에는 공식적인 결혼을 하지는 않았지만 숨겨놓은 처를 두고 있는 이들도 있었다. 이들 대부분은 물론 정상적인 성직자 수업을 통하여 안수 받은 이들이기보다는 돈을 주고 성직을 사서 종교 권력의 상층부로 발돋움 한 부패한 이들이었다. 그들 가운데에는 몇몇 교황도 포함되어 있었다. 어찌되었든 공공연한 비밀이 교회 내에서 또 다른 부패 현상으로 나타나던 때에 루터의 공적인 결혼식은 하나님께서 주신 선물로서의 결혼생활에 대한 확신을 주었다. 예수께서 공생애 최초의 사역으로 갈릴리 가나 혼인잔치에 참석하여 물로 포도주를 만들어 잔치의 흥을 돋우신 것은 우연한 사건이 아니었다. 가정은 하나님 나라의 또 다른 모형이다. 가정 안에서 우리는 사랑의 가장 숭고한 형태를 발견하며 그 안에서 사랑을 나눈다. 가정이라는 모델은 하나님 나라의 모형이 되어 신앙과 삶의 안식처요 기점이 되는 것이다. 루터는 결혼생활, 그 평범함이야 말로 교회와 성도들에게 가르치고 싶은 종교개혁 실현의 중요한 기반 가운데 하나였음을 말하고 싶었던 것이다. 루터의 결혼, 그 길에는 개혁의 동반자들이 함께 있었다.

비텐베르크의 샛별

루터의 종교개혁가로서의 삶 후반부 업적은 전적으로 카타리나의 헌신적인 동역의 결과였다. 1517년 마틴 루터가 비텐베르크 성당 문에 95개 조항의 질의서를 게시했을 때 카타리나 폰 보라는 겨우 18세 소녀였다. 당시

루터 평생의 중요한 반려자는 다름 아닌 그의 아내 카타리나였다. 루터가 세상을 개혁했다면 카타리나는 그런 루터의 두 다리가 굳건하도록 만든 진정한 루터 개혁가였다. 사진은 아이제나흐에 있는 루터하우스이다.

수녀원에 기거한 지 3년째가 되고 있었던 그녀는 루터의 사상을 접한 즉시 매료되어 수녀원을 떠나고 싶어 했다. 이 소식은 루터에게도 전해졌다. 루터는 부유한 상인으로서 자신의 친구였던 콥(Leonhard Kopp)에게 그녀들의 탈출을 도와주도록 부탁하였다. 콥은 궁리 끝에 그녀와 12명의 수녀들을 생선 광주리에 숨겨 탈출시키는데 성공하였다. 당시 수녀원에서는 성벽 아래로 커다란 광주리를 내려 보내 음식물이나 생필품을 반입하였는데 생선 광주리는 바로 그런 용도로 사용되었던 것이었다.

2부 루터의 길 **167**

루터는 수녀원을 이탈한 수녀들이 기거할 집을 마련해 주고, 남자들을 소개하여 가정을 갖게 하였다. 그렇지만 오직 카타리나 폰 보라만은 결혼을 하지 못하고 있었다. 그러자 루터는 친구들과 부친의 반대에도 불구하고 그녀와 결혼했다. 결혼을 앞둔 루터는 이렇게 말했다. "내가 아내를 사랑하지 않는 것은 아니지만, 홀딱 반한 것도 아니다." 그러나 루터는 분명 그녀를 존중했다. 그는 또 "나는 프랑스나 베네치아를 준다 해도 그녀와 바꿀 생각이 없다. 그녀는 하나님께서 주신 여자"라고 말하기도 했다. 루터는 카타리나를 '내 갈비뼈'라고 하기도 하고 '내 주인'이라고 하기도 했다. 확실히 그녀와의 결혼 전과 후의 루터의 모습은 달라져 있었다.

루터의 일상생활은 오직 카타리나로 인하여 규모 있게 유지될 수 있었다. 그녀는 남편이 저술활동과 목회 등에 전념할 수 있도록 가정 경제를 전담하고, 가족들을 부양하기 위해 부지런히 일을 했다. 루터는 사실 그의 수많은 저서 수입을 한 푼도 받지 않았다. 부부가 먹고 살기 위해 받은 수입은 비텐베르크 대학 교수 급료가 전부였다. 이 사실을 안 선제후는 그의 영지 내에 있던 아우구스티누스 엄수파 수도원 중 하나를 이 부부에게 양도했는데, 이 수도원에는 몇 가지 사업체가 있었고 카타리나는 그 사업체를 성실하게 운영하여 개혁가의 생활비를 벌 수 있었다. 그녀는 그 수도원의 사업체를 운영하는 것과 동시에 일상적인 가사에도 충실했다. 그녀는 매일 과수원에서 과실을 따는 일과 연못에서 물고기를 낚는 일, 닭과 오리, 돼지를 키우는 일, 심지어 그것들을 도살하는 일을 직접 했다. 그뿐이 아니었다. 그 와중에 그녀는 자신이 유명한 종교개혁자의 아내라는 사실을 잘 인식하고 있었다. 그래서 그 바쁜 시간 중에도 매일 시간을 내어 성서를 읽었다. 언젠가 루터는 자신의 친구에게 보낸 편지에서 그녀가 열심히 성서를 읽고 있는데 지금 "신명기 부분을 읽고 있다."고 적었다. 카타리나는 이외에도 가정 의사 역할도 맡았다. 루터는 사실 병약하여 자주 앓았다. 그 때마다 카타리나는 수녀원

루터 가족의 초기 모습으로 함께 찬양하며 예배하는 모습이다.

에서 익힌 의학지식을 가지고 루터를 돌보고 질병을 고쳐주었다. 그들의 가정은 독일 가정의 한 아름다운 모델이 되었다.

정말 카타리나의 역할이 없었다면 루터의 개혁 작업은 다른 양상으로 흘러갔을지도 모른다. 루터의 뒤에는 항상 그녀 카타리나가 있었다. 누구보다 루터는 그녀의 공을 익히 알고 감사했는데, 그는 종종 아내를 일컬어 "비텐베르크의 샛별(morning star of Wittenberg)"이라고 불렀다. 아내가 새벽 4시면 어김없이 일어나 가족을 돌보기 위해 일을 했기 때문이었다. 안타깝게도 1546년에 루터가 서거한 지 6년 만에 '비텐베르크의 샛별', 카타리나 폰 보라는 남편의 뒤를 따랐다. 그들에게 하나님께서 주신 선물 여섯 남매는 어렸을 때에 죽은 딸 막달레나를 제외하고 훌륭히 장성하여 독일 국가와 사회 속에서 영향력 있는 인사들이 되었다.

"세계를 움직이는 것은 남자들이지만 그 남자들을 움직이는 것은 부인들"이라는 말이 있다. 남편들이 온갖 허세를 다 부리고 있을 때에 아내들이 자기의 허리춤을 붙들고 있다는 사실을 아는 남편들은 행복하다. 남편이 절망하여 주저앉아 있을 때에 붙잡은 허리춤을 일으켜 세울 줄 아는 아내는 진실로 지혜롭다. 서로가 서로에게 '반쪽(better-half)'이 되어주는 가정은 행복하다. 거기서부터 세계를 만들어 가는 역사가 싹트기 때문이다.

하나님의 장례식

카타리나 폰 보라는 가난한 귀족가문에서 태어났다. 그녀의 아버지는 다섯 살 때 부인과 사별하고 재혼하였다. 그녀는 곧 브레나(Brehna)에 있는 베네딕트 수녀회에 보내졌고 거기서 자랐다. 그곳 수녀회에서의 생활은 그녀로 하여금 경건하고 성실한 신앙인으로서 삶의 기초를 닦게 한 근원이 되었다. 부모와 이별하여 사는 그녀의 유년기는 불우했으나 하나님은 오히려 그 시기를 통해 그녀의 의지를 강고히 다져 주셨다. 그녀는 브레나 수녀원에서 5년을 지낸 후 니브쉔(Nibschen)에 있는 시토 수도원(Cistercian monastery)으로 보내졌다. 카타리나는 그곳에서 16세에 수녀가 되어 8년간을 그곳에서 지내다가 "탈출하여" 비텐베르크로 와서 아직 가톨릭 수도사였던 루터의 지도를 받았다.

1545년 출판된 라틴어 저술 전집 서문에 루터가 직접 쓴 글에 의하면, 그는 본래 가톨릭으로부터의 분리를 원하지 않았고 단지 교회의 개혁을 원했었다. 그 실례로 1518년 발부된 파문경고장이 루터에게 전달되었을 때, 루터는 교황 레오 10세에게 편지를 보내면서 화해의 제스처로 "이리 속에 있는 어린 양 같은 분", "사자굴 속의 다니엘 같은 분" 등의 공대하는 표현을 활용하며 자기 신앙을 변호하기도 했다. 가톨릭으로부터 파문을 당한다는 것은 교회뿐 아니라 황제의 보호도 사실상 사라지는 것을 의미하기 때문에 루터로서는 가톨릭의 파문이 참으로 큰 위기였다. 가톨릭 교회와 가톨릭교회의 수호자로서 세속의 왕들이 보호하지 않는다면 누군가 자신을 해하였을 때 법적으로 보호받을 길이 없다는 것을 루터는 잘 알고 있었다. 결국 그는 그 위기를 어떻게든 모면하려 했던 것이다.

  그러나 가톨릭과 루터의 길은 계속해서 어긋나기만 했다. 루터는 루터대로 개혁적 사고와 행동을 멈출 수 없었다. 결국 가톨릭의 루터에 대한 비난과 협박은 계속되었고 1520년 6월 15일 발부된 파문경고장이 그 해 10월 10

루터의 카타리나와의 결혼은 당대 사회의 큰 충격이었다. 루터는 가톨릭의 사제였으며 카타리나는 수녀였기 때문이다. 이들의 결혼은 경직된 로마교회와 같은 중세사회를 향한 새로운 도전이었다.

일 루터에게 전달되었을 때, 그는 그것을 공개적으로 불태웠다. 루터는 결국 독자적인 길을 걸을 수밖에 없었다. 한편으로는 개혁의 길에 우뚝 선 그였으나 거대한 가톨릭의 위협은 정말이지 어려운 문제가 아닐 수 없었다. 개혁 동지들과의 마찰로 인해 때론 좌절하고 두려움과 절망에 빠지기도 했다.

그러던 1525년 6월 13일 루터와 카타리나가 결혼했다. 농민전쟁 직후였다. 그의 결혼은 가톨릭교회의 그에 대한 비난에 기름을 끼얹은 것이었다. 그의 가톨릭 대적자들은 루터를 온통 음탕하고 음란한 간음 죄인으로 정죄했다. 그런데 그에 대한 비난은 가톨릭 쪽에서만이 아니었다. 그는 개혁의 동지들에게도 비난을 받아야 했다. 칼슈타트와 토마스 뮌처 같은 과격한 개혁파들은 하나님 나라가 현재에 이뤄졌다는 극단적 종말론과 묵시사상을 가지고 있었는데, 그런 과격파들과는 의견을 달리했던 루터의 결혼은 정말이지 좋은 비난거리였다. 그의 좋은 동역자 멜랑히톤도 그의 결혼을 비난했다. 그는 여러모로 좌절할 수밖에 없었다. 그의 결혼은 한 마디로 총체적인 난국이었고 내우외환이 겹친 격이었다.

상심과 두려움으로 절망하던 어느 날, 부인 카타리나가 루터 앞에 섰다. 그녀의 옷은 상복(喪服)이었다. 루터는 "누구의 장례식인가?"하고 물었다. 그녀는 매우 간단하게 대답했다. "하나님의 장례식!" 전능하신 하나님, 영원히신 하나님에게는 장례식이라는 것이 있을 수 없었다. 그런데 지금 그의 아내 카타리나는 불가능한 장례식에 참가하겠다고 나서고 있는 것이었다. 루터는 다시 한 번 물었다. "그게 말이나 되는 소리인가? 하나님의 장례식이라니?" 되묻는 루터에게 카타리나는 이렇게 대답했다. "당신은 지금 영원하신 하나님이 돌아가셨다고 생각하기 때문에 그렇게 절망하고 있는 것 아닙니까?" 자칫 꺼져버렸을지도 모를 루터 개혁의 불씨는 아내의 이 한마디를 통해 다시 살아났다. 하나님에게 장례식이란 것이 말도 안 되는 말인 것처럼, 하나님의 진리, 예수 그리스도의 영원히 살아 있는 복음의 진리를 외치는 개혁 사역 역시 어떤 경우에도 사멸될 수 없는 것이라 깨달은 것이다.

카타리나의 조력은 결국 루터의 종교개혁이 보다 완성된 형태가 되도록

아이슬레벤과 비텐베르크, 그리고 보름스와 아이제나흐 등 곳곳에 세워진 마틴 루터의 동상 앞에 서면 한 가지 질문을 하게 된다. "당신은 그 때 왜 95개 반박문을 교회의 정문에 붙였습니까? 그리고 무엇이 당신으로 하여금 그 험난한 길을 꿋꿋이 가도록 했습니까?"

하는데 큰 역할을 했다. 루터가 세상을 떠난 후에도 그녀의 조력은 계속되었다. 그녀는 남편의 유지가 계속해서 부흥하기를 원했다. 보다 많은 이들이 남편을 통해 보이신 하나님의 은혜를 누리기를 원했다. 그렇게 카타리나는 루터의 종교개혁가로서의 삶에서 빼놓을 수 없는 동역자였다. 루터 역시 그것을 인정했고 그 사실을 존중했다. 카타리나 없는 루터의 종교개혁은 도무지 상상할 수 없는 것이다. 루터의 종교개혁의 여정, 그 길에서 동역자 카타리나 폰 보라의 조력은 루터로 하여금 좌절에서 용기를, 절망에서 대망(大望)을 품게 했다. 마틴 루터, 그의 개혁의 길 앞에는 주님이, 오른 편에는 조력자들이, 왼편에는 그의 부인 카타리나 폰 보라가 함께 서 있었다. 그리고 그 뒤에는 프로테스탄트, 종교개혁의 후예들인 우리가 서 있다.

비텐베르크에서 우리에게

"루터는 그의 95개조 반박문이 몰고 올 파장을 예측하지는 않았던 것 같다. 그러나 인생에서 개혁을 추진해야할 명분과 길이 분명해지자 루터는 주저하지 않았다. 루터의 위대함은 그가 시작한 개혁이 이끌고 온 역사적 파장에 대해 스스로 분명한 책임을 감당한 것이다."

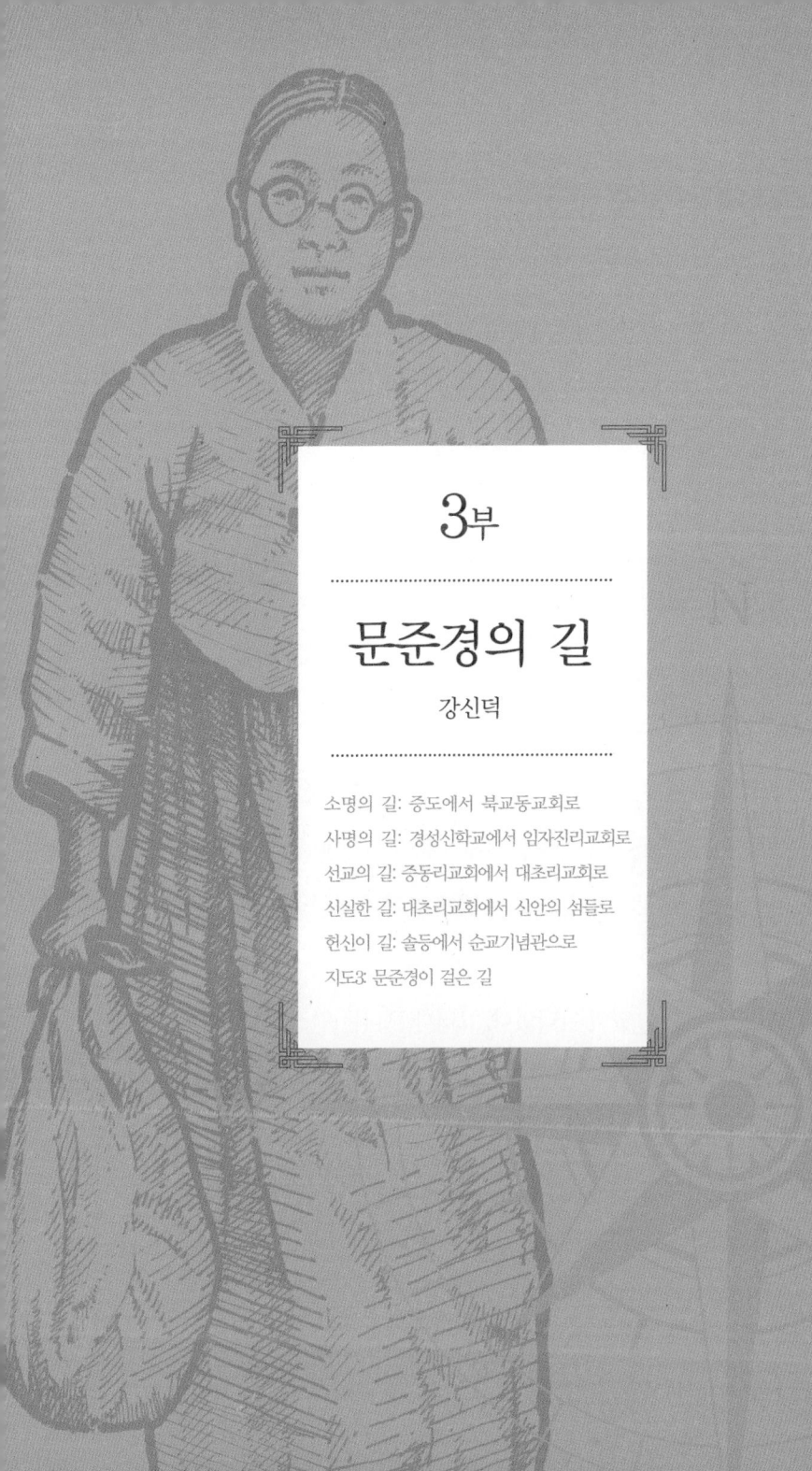

3부

문준경의 길

강신덕

소명의 길: 증도에서 북교동교회로
사명의 길: 경성신학교에서 임자진리교회로
선교의 길: 증동리교회에서 대초리교회로
신실한 길: 대초리교회에서 신안의 섬들로
헌신이 길: 솔등에서 순교기념관으로
지도3 문준경이 걸은 길

소명의 길
증도에서 북교동교회로

주어진 운명에 지치다

"아따, 여인네 참 곱게도 생겼구만서도, 사는 건 참으로 억척스러웠겠구먼." 언젠가 중도 문준경전도사순교기념관에 순례 차 온 한 권사님에게서 들은 이야기이다. 한국 교회 성도들에게 문준경 하면 떠오르는 것은 남도의 억척스런 전도사 이미지이다. 그녀는 일제 강점기와 한국전쟁의 암울하던 시절, 전라남도 신안 일대 섬들을 다니며 예수 그리스도의 복음을 전했다. 여인의 입장에서 쉬운 일이 아니었다. 그러나 그녀는 열정적이었다. 오히려 담대했다. 굴하지도 않았다. 결국 오늘 우리는 이 열정적이며, 담대하고, 굴하지 않는 문준경의 이미지를 머리와 가슴 속에 담고 있다. 그런데 이런 식의 억척스런 이미지가 오늘 2017년 문준경을 아는 사람들이 갖고 있는 인상이라면, 그것은 문준경이라는 한 사람 인생의 한쪽 면만 들여다 본 결과일

우리나라 서남해안 일대에는 수를 헤아릴 수 없는 많은 섬들이 있다. 그 섬들 굽이굽이 섬마을들에는 나름 사연을 지닌 사람들이 산다. 섬사람들이 살아온 이야기를 들으면 절반은 눈물이다. 육지 사람들은 도저히 이해할 수 없는 삶의 이야기들이 그 굽이굽이마다 다른 모양새로 파도친다.

것이다. 누구에게나 그렇지만 문준경에게도 남다른 자기 삶이란 것이 있었을 것이다. 문준경에게도 꽃다운 시절, 그저 보통 아낙이 살던 평범한 삶이라는 것이 있었다. 바로 암태도 친정과 등선 시댁에서의 삶이다.

1891년, 목포 바로 아래 암태도의 큰 어른, 문 진사 집안에 셋째 딸로 태어난 문준경은 어려서부터 집안 어른들의 귀여움을 독차지했다. 셋째 딸이라는 어느 누구에게나 귀여움을 차지하는 집안 내 위치도 있었지만, 남달리 총명하기도 하도 또 부지런하기도 한 문준경의 천성 덕도 있었다. 그녀는 어려서부터 집안일이나 사람 일이나 가리지 않고 돕기를 즐겨했다. 그래서 섬사람들과 무엇보다 집안의 머슴들은 그녀의 바지런하고 따뜻한 마음씨를 칭송했다.

그러나 귀한 집 딸도 역시 당대 사회의 한계를 넘어서지는 못했다. 한 번은 글을 배우고 싶다고 아버지에게 떼를 썼는데, 그런 셋째 딸에게 아버지는 불호령을 내렸다. 밥 먹여 주고 재워주고 키워주니까 못하는 소리가 없다고 펄쩍 뛴 것이다. 문준경은 그 자리에서 아녀자라는 것이 본디 집안 살림 잘 배워서 남편 잘 만나 아이들 잘 낳고 키우면 그것으로 족하다는 단호한 일장 연설과 더불어 배움의 길을 일언지하 거절당하고 말았다. 문준경은 하는 수 없이 아버지의 엄격한 그늘 밑에서 아녀자로서 배워야 할 것들에만 열심을 내었다. 일제 강점기의 어두운 그림자가 전국을 내리깔던 그 시절, 대부분 집안의 어른들에게 딸자식 교육이란 것은 호사요, 과도한 것이었다. 아들 자식들 어찌할 도리도 못 찾는 와중에 딸자식이야 시집이나 잘 보내면 다행이라 생각한 것이다. 결국 문준경은 살림 사는 법, 특별히 바느질하는 법을 부지런히 익혔다. 그러나 그녀는 그렇게 순응하는 동안에도 아녀자가 글을 배울 수 없다는 아버지의 불호령을 이해할 수 없었다.

1908년 3월 18일, 꽃 같은 처녀 문준경은 증도의 소문난 부잣집 정씨 집안으로 시집을 갔다. 그 때 여자들의 시집살이라는 것은 여자들 스스로에게는 여자로서 일면 당연한 것이기도 했으나 다른 한편으로 무척이나 기이한 일이었다. 열일곱 해 동안 자기를 아껴주고 받아주던 사람들로부터 벗어나 온통 자신이 떠받들어야 하는 사람들이 사는 곳으로 거처를 옮긴다는 것이 얼마나 어려운 일이었겠는가? 그러나 문준경은 타고난 성품 탓으로 이 모든 어려움을 무난하게 이겨나갔다. 그녀는 시댁에서도 여전히 귀여움 받는 며느리였다. 한 가지 문제가 있기는 했다. 이것은 한 가지라고 하기에는 너무나 황당한 문제였다. 바로 남편이었다. 남편은 문준경이 시집온 첫날부터 문준경을 색시로 대접하지 않았다. 남편은 막내아들이어서 응석받이로 크기는 했어도 공부 꽤나 한 사람이었다. 그런데 그는 문준경을 외면했다. 문

섬에서 산다는 것은 섬에 길들여지는 것이다. 섬의 생겨먹은 모양새와 그를 둘러싼 바다가 주는 대로, 그것을 운명으로 여기며 사는 것이 섬사람들의 삶이다. 사진은 증도 주변의 갯벌과 노둣길이다.

준경에 대한 무시는 꽤나 큰 문제였다. 남편은 한 번 집을 나가면 며칠 집을 들어오지 않았고 그러다 보니 문준경도 남편 얼굴을 잊어버릴 정도가 되었다. 소문을 들으니 남편은 옆 섬 임자도에서 딴 여자와 살림을 차렸다. 얼마 지나지 않아 그 소실에게서 아이도 봤다고 한다.

문준경은 외로운 사람이 되어갔다. 혼자서 가슴을 치며 냉가슴을 앓는 날이 많았다. 증도 등선으로 시집온 후 문준경에게 편한 날은 없었다. 시댁 식구들이 잘 해준다고 해도 그것은 남편 그늘 아래에서 이어야 했다. 남편도 없는 생각시 같은 상황에서 문준경의 시집살이가 편할 턱이 없었다.

목포에서 스스로의 삶을 개척하다

어려서는 아버지에게서 배움의 길을 빼앗기고, 나이 들어서는 남편에게서 여자의 길을 빼앗기고 만 문준경의 하루하루는 보기에도 민망한 것이었다. 시집 어른들에게는 더더군다나 그랬다. 멀쩡한 처자를 데려다 생과부를 만들어버렸으니 이를 어찌해야 한단 말인가? 한술 더 떠 등선 마을과 이웃 대초리 마을에는 문준경이 아이를 낳지 못해서 남편에게 소박을 맞은 것이라는 소문이 돌았다. 거기다 홀로 사는 자신에 대한 동서들의 구박은 견디기 어려웠다. 같은 며느리 입장에서 그럴 수는 없는 노릇이었다. 그러나 그녀들은 갈수록 기고만장해졌다. 결국 문준경은 마음을 무너뜨리고 말았다. 문준경은 점점 쇠약해져 갔다.

그래도 시부모는 문준경 편이 되어 주었다. 시아버지는 막내며느리를 앉혀 놓고 한글을 가르치기 시작했다. 갑자기 힘이 나는 것 같았다. 문준경은 시아버지의 이야기에 귀가 반짝 틔였다. 세상 모든 것에 대해 눈감고 귀막고 그렇게 시름시름 살던 그녀의 인생에 드디어 따뜻한 햇빛이 비춘 것이다. 필기구가 제대로 있을 턱이 없던 시절이었다. 어렵게 구한 붓과 벼루로 어디든 쓰고 언제든 무엇이든 읽곤 했다.

그렇게 배움의 즐거움과 읽고 쓰는 즐거움에 푹 빠져 지내던 즈음, 시아버지가 죽고 말았다. 문준경은 이제 누구를 의지하며 살아야할지 막막했다. 그녀는 장례를 치르는 내내 슬피 울었다. 그렇다고 장례를 소홀히 치른 것은 아니었다. 문준경은 예법에 따라 시아버지 삼년상을 꼬박 치렀다. 삼년상을 다 치르는 동안 시아주버니 댁이 본가에 들어와 함께 살게 되었다. 시아주버니는 아들 가운데 하나를 제수씨에게 양아들로 주었다. 비록 다 큰 총각이라도 양아들이 생기고 나니 홀로 사는 여인의 삶에 생기가 돌았다. 양아들도 양어머니를 잘 따라 주었다. 그런데 얼마 지나지 않아 그 양아들마저 경성으로 떠나고 말았다. 다시 혼자가 된 것이다. 이 때 문준경은 결심을 했다. 친정오빠가 사는 목포로 나가 사는 것이었다. 시집온 지 20년이 지난 뒤였다.

옛날에는 증도에 들어가기 위해서 배를 두 번 갈아타야 했다. 한 번은 지도 선착장에서 송도로 들어가는 배를, 다른 한 번은 지신개 선착장에서 증도 버지 선착장으로 들어가는 배였다. 배가 없는 날 섬 사람들은 너도 나도 머리위에 각자 짐을 지고 걸어서 노듯길을 그리고 갯벌사이 물 빠지는 개를 건너야 했다.

목포 북교동 근처에 단칸방을 얻은 문준경은 시집올 때 친정아버지가 해준 미쓰비씨 재봉틀을 이용해서 삯바느질을 시작했다. 미쓰비씨 재봉틀이면 대단한 것이긴 했다. 일제강점기 시작 즈음, 전라남도 시골 동네, 제아무리 목포라 해도 그 땅끝 작은 도시에 이런 굉장한 물건이 어디에 있었겠는가. 친정아버지가 꽤 괜찮은 사업 밑천을 준 것이다. 지금이야 재봉질 하는 일이 별 일 아닌 듯 보이지만 그 때만 해도 이 정도 기계를 가져다 일을 하는 것은 꽤 쏠쏠한 재미를 보게 했다. 이곳저곳에서 '미쓰비씨 재봉틀' 효과를 보기 시작했다. 이불 홑청이나 예물로 쓰일 옷 같은 것을 이 기계로 한 번 재봉질해서 휘감아버리면 정말이지 멋진 옷이 한 벌 만들어졌다.

처음 얼마동안 문준경은 정신없이 일만 했다. 일감도 그럭저럭 많았으니 다른데 정신 쏟을 일 없이 오직 일하고 돈 버는 일에만 매진했다. 그러나 그것도 얼마 가지 않았다. 여인네 혼자 그렇게 사는 것은 원래 녹록치 않은 일이었다. 친오빠가 곁에 있다 해도 이리저리 혼자서 헤쳐가야할 일도 많았다. 동네에서 구설수도 오르고 일도 얼추 있었다. 이 모든 상황은 문준경을 다시 마음의 병에 빠져들게 만들었다. 문준경은 다시 몸과 마음이 고단해 지기 시작했다.

전도부인에게서 인생의 새벽빛을 보다

그러던 1927년 3월 5일, 알지 못하는 몇 사람이 문준경의 일터를 찾아왔다. 일감을 맡기러 온 사람이 아니었다. 그 사람은 문준경 앞에 일감 대신 성경책을 꺼내 폈다. 바로 옆 북교동교회에서 나온 전도부인이었다. 눈이 휘둥그레 상대방을 쳐다보고 있는데 그 사람이 불쑥 이렇게 말했다. "아주머니, 예수 믿으시오. 예수 믿으면 천국에 갈 수 있소, 예수 안 믿고 살다가는 지옥불에 떨어지고 말 것이나 예수 믿으면 구원 받아서 천국에 갈 것이요." 문준경은 그 말이 도대체 무슨 말인 지 알 수 없었다.

우리나라에 처음 복음이 들어왔을 때 전도부인들의 역할은 제법 중요한 것이었다. 거리를 다니는 남자들에게야 불쑥 다가가 복음을 전하는 일은 상대적으로 쉬웠을 것이다. 그러나 여인들에게는 그것이 그렇게 쉬운 일이 못 되었다. 전도한다는 명분으로 남의 여염집 대문을 열고 함부로 들어갈 수는 없는 노릇이었다. 길거리에 다니는 여인들이라도 그것은 마찬가지였다. 성경책 들고서 아무 여인네나 붙잡고 복음이랍시고 전하다 보면, 시전의 여러 눈총은 물론이요, 몰매 맞기도 십상이었다. 그러니 이러저러한 복음 전도의 문제를 해결할 이는 역시 여인들이었다. 그래서 만들어진 것이 전도부인이었다. 이들은 예수 그리스도의 복음을 들고 동네 깊숙한 곳 남자들이 닿지 못하는 곳을 드나들며 그곳에 갇혀 사는 여인들에게 복음을 전했다. 그곳에서 한숨으로 평생을 사는 수많은 여인들에게 예수 그리스도의 사랑을 전했다. 그 전도부인을 통한 사랑이 이제 북교동 한 귀퉁이에서 삯바느질을 하며 살아가는 문준경에게도 임한 것이다.

    문준경은 상대가 느닷없이 늘어놓은 이야기에 관심이 생겼다. 도무지 한마디도 알아들 수 없는 이야기. 예수, 천국, 지옥, 믿음........뭐 이런 말들이었다. 그런데 이상하게도 그 말들과 그 말들 사이사이 예수라는 사람은 귀에 쏙쏙 들어왔다. "괜찮으시다면 들어와 앉아 이야기를 좀 더 해보시오." 문준경이 오히려 그 전도부인의 손을 잡아끌었다. 두 사람은 마치 친구처럼 무릎을 맞대고 오랜 시간 이야기를 나누었다. 전도부인의 이야기는 놀라운 것이었다. 예수 그리스도라는 분이 이 땅에 오셨는데, 그 분이 이 세상 모든 죄인들, 이 세상 모든 어둠 가운데 장님처럼 헤매이는 사람들을 구원하시기 위해 스스로 십자가로 희생하셨다는 이야기였다. 죄와 어둠의 노예로 사는 우리 모든 인간을 구원하기 위해 자신을 대속물로 내주었다는 이야기에서는 정말이지 마음 속 깊은 곳에서 감동이 밀려왔다. 마지막 전도부인의 이야기는 더더욱 문준경을 놀라게 했다. "다른 것은 다 필요 없고 예수님을 믿겠다는 말 한 마디만 하면 됩니다." 문준경은 떨리는 마음으로 생각했다. '그럼 혹시

구한말과 일제강점기에는 권서인이라는 사람들이 있었다. 성경책을 전하며 전도하는 사람들이다. 그런데 권서인은 대부분 남자였다. 여염집 여성들에게 전도하는 일은 여성으로 이루어진 전도부인들의 몫이었다. 문준경의 일터에 찾아온 사람들은 바로 이 전도부인이었다.

나도 이 분을 믿으면 내 지긋지긋한 인생 굴레에서 벗어날 수 있을까?'

문준경은 속는 셈 치고 전도부인의 손을 붙잡고 예수를 믿겠다고 선언했다. 그리고 그 다음 주에 바로 북교동교회에 나가기 시작했다.

북교동교회에서 다른 인생길을 열다

북교동성결교회는 초가로 된 작은 교회였다. 장석초 전도사가 한국 성결교회로는 처음 목포에 개척한 교회였다. 장석초 전도사는 원래 한학자였다. 당연히 국문과 한문을 두루 읽고 쓸 줄 알았던 사람이었다. 문준경은 장 전도사에게서 처음 성경을 배웠다. 원래 배우기를 좋아하는 터라 장 전도사가 가르치는 대로 한 글자 한 글자 복음의 의미와 가치 그리고 복음으로 살아가는 삶을 배웠다. 실로 새로운 인생길이 열리는 순간이었다. 오래전 유대라는 나라에 오신 예수님은 참으로 기이한 분이었다. 그 분은 온갖 죄인들과 가난한 이들, 병든 자들과 어려움 가운데 빠져 있는 사람들을 사랑하시고 그들을 위해 헌신하셨다. 그 뿐이 아니었다. 예수님은 그렇게 죄 가운데서, 절망 가운데서 일어서지 못하고 죽은 자처럼 살아가는 이들을 자유롭게 하기 위해 십자가에 죽으셨다. 그 얼마 전 전도부인이 들려준 것처럼 누구든지 그 예수님을 믿기만 새로운 삶의 길이 열릴 것이요 그것은 영생의 기쁜 길이었다.

장석초 전도사를 이어 북교동 교회에 부임한 김응조 목사는 문준경의 신앙을 더욱 깊이 있게 만들어 주었다. 김응조는 당대의 뛰어난 신학자였다. 특별히 개신교회가 중요하게 여기는 중생의 도리를 잘 가르쳤다. 김응조 밑에서 문준경은 예수 그리스도를 구주로 고백할 뿐 아니라 그 깊이 있는 신앙인의 삶을 열게 되었다. 김응조에게서 성경과 기독교의 기초 교리 등을 배운 문준경은 더욱 일관성 있고 체계적이며 확고한 신앙인으로 서게 되었다.

그러나 문준경으로 하여금 풍성한 신앙인의 삶을 살아가도록 길을 안내한 사람은 바로 이성봉 목사였다. 이성봉 목사는 지금까지도 한국교회의 귀한 사역자로 존경을 받는 부흥사인데 이때 문준경의 북교동교회 담임으로 부임하게 된 것이다. 이성봉은 문준경에게 '성령으로 충만한 삶'을 가르쳤다. 그리고 어떻게 성령을 체험할 수 있는지도 가르쳤다. 문준경을 비롯한 북교

문준경은 목포에 있는 북교동성결교회에서 신앙생활을 시작했다. 문준경은 이곳에서 중생을 체험하고 성령을 체험하여 변화된 그리스도인으로서 이전과는 완전히 다른 삶을 살게 되었다. 지금도 북교동교회는 옛 신안군청 방향으로 난 길 옆 오래 전 그 자리에 그대로 서 있다.

동교회 성도들은 즉시 성령의 귀중한 은혜를 경험했다. 그리고 더욱 굳건한 복음의 수호자들이 되었다. 특히 문준경은 이때의 영적 체험으로 일평생 흔들리지 않는 신앙인이요 사역자의 근간을 든든하게 세우게 된다.

한국 성결교회 초기 기록에 의하면 문준경은 북교동교회의 성령을 체험한 성도로 기록되어 있다. 지금도 그렇지만 당시 성결교회는 이 열정적인 신

앙 체험을 무엇보다 중요하게 여겼는데, 문준경의 성령 체험은 곧 경성의 성결교회 본부에도 알려져 그 일화가 성결교회 역사에 기록된 것이다. 문준경은 그렇게 한 발짝 한 발짝 복음을 위해 헌신하는 신념의 사역자로 나아가고 있었다. 이전에 시집살이와 목포 삯바느질 세월 동안 외로움과 한숨으로 살아가던 문준경이 아니었다.

주님의 도를 전하는 삶

문준경은 이후 자신만 아는 복음을 타인에게도 전하는 삶 즉, 전도부인의 삶을 살기로 했다. 처음에는 이성봉 목사를 따라다니며 거리에서 복음을 전하고, 성도들의 가정을 심방했다. 교회나 이웃에 상이라도 나면 달려가 내 집처럼 돌보며 그 곳 빈소에서 염불소리 대신 찬송이 울려 퍼지도록 했다. 북교동교회 성도들의 가정에 상이라도 나면 으레 문준경의 찬송 소리가 그 주변을 가득 메우곤 했다. 원래 노래를 잘하는 문준경은 이때부터 하나님의 말씀을 곡조에 담아 부르는 식의 전도 노래를 많이 불렀다.

그러던 어느 날 문준경은 자신이 모르는 이웃을 향해서는 복음을 전하면서도 자신의 친지와 가족을 위해서는 복음을 전하지 않는다는 생각을 갖게 되었다. 사실 이때만 해도 문준경에게 가족은 여전히 친정집 식구들이었다. 시집살이 내내 냉대 당했던 세월을 생각하면 당연한 이치일지도 모른다. 새 색시인 자신을 버리고 소실을 좇아 멀리 도망쳐 버리고 시집살이 내내 돌아보지도 않은 남편을 생각하면 더더군다나 그것은 당연한 일일지 모른다. 어쨌든 그녀는 복음을 전해야겠다는 생각과 더불어 암태도 친정 식구들을 가장 먼저 떠 올렸다.

문준경은 한달음에 배를 타고 그리운 친정 식구들이 있는 암태도로 갔다. 친정아버지와 어머니 그리고 식구들은 오랜만에 나타난 셋째 딸을 따뜻하게 환영했다. 자리를 잡고 앉은 식구들이 문준경에게 근황을 물었다. 문준경은 자신이 시댁에서 겪은 어려움을 이야기했다. 그리고 이렇게 말했다. "그때는 죽는 줄 알았지라. 그때는 세상 다 끝난 줄 알았어라. 그렇게 오빠

하나님의 사랑을 알고 예수 그리스도의 십자가를 알게 된 문준경은 전도부인이 되었다. 그녀는 곧 목포 일대와 그리고 그가 태어나고 자란 암태도에까지 가서 복음을 전하는 사람이 되었다. 사진은 증도 문준경 기념관에서 정기적으로 열리는 문준경 연극의 한 장면이다.

사는 목포로 나와서 한동안 장사하믄서 사는디 어느 날 한 사람이 성경책을 들고 찾아왔당께요. 글고 나더러 예수를 믿으라 안합디? 그 길로 난 그 사람 따라 교회에 댕기기 시작했어라. 예수 믿기 시작했지라. 그랬더만 세상 슬픔 다 사라지고 시집서 서럽게 고생하던 것은 몽땅 다 잊어뿄당께요. 신기한 일이지라." 그리고 문준경은 이렇게 말을 이었다. "그랑께, 아부지, 엄니도 글고 언니 오빠들도 나랑 같이 예수 믿읍시다."

가만히 딸의 이야기를 듣던 아버지는 부아가 치밀었다. 이제 딸이 미쳤다고 생각했다. 그리고 불같이 화만 내던 옛날 버릇이 나왔다. "니가 인자 완전히 미쳤는갑다." 시집살이 힘들다고 불쌍하게만 생각했더니 결국은 말도 안 되는 이상한 종교에 빠져서 왔다는 것이다. 그래도 문준경은 굴하지 않았다. 예전 같았으면 아버지 불호령에 고개 푹 숙이고 자기 방으로 물러났겠지만 이제 그런 문준경은 죽고 없어졌다. 예수 그리스도로 말미암아 성령의 능력으로 말미암아 새로 태어난 문준경만 그 방에 앉아 있었다. 그녀는 담담하게 그러나 단호하게 가족들에게 예수 그리스도를 전했다. 그러자 이번에는 아버지가 벌떡 일어섰다. 그리고 마당으로 나가 여물통에 있던 오물 한바가지를 들고 와서 문준경에게 끼얹었다. 냄새가 방안 가득 퍼졌다. 문준경은 그래도 멈추지 않았다. 더러운 오물로도 딸의 입을 막을 수 없게 되자, 아버지는 딸을 잡아 끌어내기 시작했다. "향후로도 당췌 집에는 올 생각 하지마라. 너는 인자 출가외인이다."

그렇게 친정집을 나온 문준경은 주눅 들지 않았다. 그 안에 풍성한 예수의 영이 그를 강하고 담대하게 하고 있다 느낀 것이다. 그동안 예수님으로 인해 누린 은혜에 비하면 이것은 아무것도 아니라는 생각이 들었다. 그는 이제 온전히 예수님의 사람이 되었다.

사명의 길
경성신학교에서 임자진리교회로

복음을 배우는 기쁨

문준경이 암태도 친정에서만 담대했던 것은 아니었다. 암태도에 다녀온 후로 문준경은 줄곧 용기있게 복음을 전했다. 목포 시내를 다니며 전도를 했고 사람들 앞에서 거리낌 없이 예수를 전하고 찬송을 불렀다. 친정이 있는 섬에서만 복음 전도자였던 것은 아니었다. 그녀는 북교동 교회 성도들과 더불어 전도대를 조직하고 목포 인근 섬들에 가서 섬사람들에게 복음을 전했다. 남편도 없고 자식도 없는 삶이라면 그렇게 복음을 전하며 사는 것도 나쁘지 않겠다고 문준경은 생각했다. 그리고 늘 전도대의 선봉에 섰다.

그 때 문준경의 마음에 한 가지 빛이 들어왔다. 경성에 있다는 그 신학교, 장석초 목사님도, 김응조 목사님도 그리고 이성봉 목사님도 공부했다는 그 경성의 신학교에 가서 공부해야겠다는 생각이었다. 지금이야 목포에서 호남선 케이티엑스를 타면 한 달음에 달려올 수 있는 거리였지만 그 때는 사정이 달랐다. 목포에서 서울을 가는 것은 매우 어려운 일이었다. 1914년 이미 목포에서 대전을 잇는 호남선이 개통되어 있다 해도 요즘 같은 고속 기차 개념은 아니었다. 증기기관차, 그 느려 터진 기차라는 것을 타도 서울은 이틀 이상은 걸려야 가는 먼 곳이었다. 제아무리 타고난 총명함이 있다 해도 섬에서 태어나 섬에서 자라고 섬에서 살던 문준경에게 경성은 만만한 곳이 아니었다.

그래도 일단은 도전을 해 보고 싶었다. 예수님의 제자요 신부로 살기로 한 이상 뜻을 접을 수는 없었다. 문준경은 자신의 신학 공부 문제를 이성봉 전도사와 상의했다. 문준경의 됨됨이를 알고 있던 이성봉은 곧 문준경을 돕기로 했다. 이런 사람이 하나님의 종으로 살면 하나님 나라는 더욱 크게 확장되고 교회는 큰 부흥을 이루리라는 확신이 있었던 것이다. 결국 문준경은 1931년 경성성서학원에 입학하기 위해 서울 아현동에 도착했다. 학교 건물은 붉은색 벽돌로 지어진 근대식 건물이었다. 그가 태어나고 자란 마을은 고사하고 목포에서도 이런 크기의 건물은 보기 쉽지 않았다. 학교 건물 안에서는 학생들의 웃음소리가 들렸다. 열정적으로 기도하는 소리와 큰 소리로 가르치는 소리도 들렸다. 문준경의 마음을 뛰게 만들 만 했다.

그런데 문제가 생겼다. 면접 과정에서 입학을 위해 남편의 허락이 필요하다는 결과가 나온 것이다. 당시 규칙에 의하면 부인들은 남편의 허락을 받아야 학업에 참여할 수 있었다. 사별한 경우가 아니라면 어쨌든 남편의 허

1930년대 초반 경성은 막 모던한 분위기가 형성되는 근사한 도시였다. 물론 지금과는 비교할 수 없는 모습이었겠지만 증도 같은 전라도 끝 섬에서 올라온 사람에게 경성은 분명 별세상이었을 것이다. 사진은 1930년대 서울역의 모습이다.

락이 필요하다는 것이 학교 측의 입장이었다. 문준경은 포기할 수 없었다. 학교 측에 매달렸다. 결국 학교는 문준경의 청강을 허락했다. 그래도 청강생은 학교 기숙사를 사용할 수 없었다. 그는 결국 학교 주변에서 어렵사리 하숙을 얻었다. 경성에 올라오면서 가져온 돈만 가지고는 어려운 생활이었다. 생활은 점점 힘들어져 갔다. 40살 아녀자가 공부하며 먹고 살기를 병행한다는 것은 결코 쉬운 일이 아니었던 것이다. 그러던 어느 날 이성봉 전도사를 학교 뜰에서 만났다. 이성봉 전도사는 자신의 영적인 딸 문준경의 이야기를 듣고 자신이 그 문제를 해결해야겠다 싶었다. 학교 측은 이 위대한 전도자의 이야기를 들어주었다. 그렇게 문준경은 경성성서학원의 정식 학생으로 등록할 수 있었고 더불어 여러 가지 생활 문제도 해결할 수 있었다.

이제 그토록 바라던 복음, 예수 그리스도의 십자가 사랑 이야기가 가득 담긴 복음을 배우고 익히는 일에만 집중하면 되었다. 아현동 경성성서학원 강의실에 앉은 문준경은 뛸 듯이 기뻤다.

사역을 위한 소명을 얻다

경성성서학원은 학생들에게 현장 사역을 강조했다. 일 년 12개월 가운데 절반 이상은 각자 사역지를 정하고 그 곳에서 전도하고 교회도 세우는 어려운 일을 수행해야 했다. 문준경은 물론 그 사역 방학이 시작되면 언제나 고향으로 내려왔다. 그리고 목포 일대와 섬 지역에 가서 복음을 전했다. 북교동교회에서도 늘 해왔던 일이라 어렵지 않았다. 오히려 어려운 것은 경성과 목포를 다녀가는 경비 문제였다. 목포에서 삯바느질 하며 모은 재산은 경성에서 학교생활 하며 거의 다 써 버렸다. 그래도 문준경은 좌절하지 않았다. 그 안에 이미 깊이 자리 잡고 계신 하나님의 성령이 예수님이 그를 평안 가운데 인도하셨다. 그는 오히려 찬송소리를 높였다. 더욱 열심히 기도하고 말씀을 묵상하며 복음 전하기에 집중했다. 놀랍게도 그가 복음 사역에 집중하면 할수록 나머지 필요한 것은 그대로 나 채워졌다. 마치 성경의 "먼저 그의 나라와 그의 의를 구하라 그리하면 이 모든 것을 너희에게 더하시리라"는 예수님의 말씀과 같았다. 광야에서 살던 이스라엘을 만나와 메추라기로 채

경성에 올라온 문준경은 아현동 언덕에 있는 경성신학교에 입학했다. 당시 경성신학교는 서울에서 가장 높은 건물 가운데 하나였다. 건물 꼭대기에서 바라보면 서대문 넘어 종로 등 중심가와 서울역 일대, 그리고 남산 신궁 등이 훤하게 내려다 보였다.

우시던 하나님의 은혜는 지금 문준경의 삶에도 동일하게 작동하고 있었다.

그러던 어느 날, 마음 한구석에서 임자도에 대한 선교 비전이 일어났다. 임자도. 그곳은 그가 자란 암태도나 그가 시집살이를 한 증도보다 더 싫은 곳이었다. 왜냐하면 그 곳에는 그를 소박 놓은 남편과 그의 소실, 그 소실의 자식들이 살고 있는 곳이기 때문이었다. 마음 한구석에 작은 촛불처럼 일어난 임자도 전도의 비전은 이내 좌우로 흔드는 머릿속에서 사라졌다. 그런데 놀랍게도 그 비전은 다시 살아났다. 마치 꺼지지 않는 시내산 떨기나무 불꽃처럼 문준경의 마음 속 그리고 영혼 속에서 자라기 시작했다. 그리고 결국 걷잡을 수 없는 선교 열망의 불길로 자리 잡았다. 이제 도리질만으로 그 불길을 끌 수는 없었다.

그래도 문준경은 그 선교 비전의 불길을 바라보려 하지 않았다. 안보면 그만이라 생각한 것이다. '차라리 다른 곳을 주소서' 하고 기도도 했다, 그리고 실제로 사역지로 내려가는 기간 내내 목포 인근 다른 섬에서 열정적으로 복음을 전했다. 그런데 그것이 쉽지 않았다. 마치 사도 바울이 아시아로 가려 했으나 그 길이 가로막히고, 비두니아와 본도로 가려 했으나 그것도 역시 가로막혀, 결국 마게도냐의 목전, 드로아로 몰렸던 것처럼, 문준경도 임자도라는 선교지로 점점 이끌려갔다.

결국 문준경은 다짐했다. 이제 호랑이를 잡아야할 때가 온 것이라 생각했다. 오랫동안 그의 마음을 옭죄고 그늘을 만들어, 일 평생 지울 수 없는 썩은 내가 나도록 만든 진원지로 쳐들어가기로 했다. 그렇게 그녀의 위대한 첫 개척지 임자도 사역이 시작되었다.

임자도 전도, 인생의 큰 담을 넘다

임자도는 증도 위쪽에 있는 큰 섬이었다. 조선시대 대부분 섬들이 무인도 정책을 따라 비워졌지만 이 섬은 주민 거주가 허락되었다. 오래전부터 섬에서 큰 어시장이 열렸기 때문이다. 고려시대나 그 전에는 훨씬 더 큰 시장이어서 중국이나 남지나의 다른 나라 상인들도 이곳에 왔더랬다. 임자도가 특히 유명한 것은 새우젓이었다. 이곳 새우젓은 잡히는 대로 염장 처리되어 곧장 배로 옮겨졌다. 그리고 강경이나 먼 경성의 마포 같은 곳에서 팔렸다. 조선시대 들어 이 섬에는 수군기지도 있었다. 요즘으로 치면 함대의 제독쯤 되는 통제사가 있던 곳이라 했다. 그러다보니 조선시대를 거쳐 일제 강점기 내내 임자도는 군인들이나 어민들 그리고 상인들이 자주 섬을 출입하는 곳이었고, 항상 사람들로 북적거리는 곳이 되었다.

문준경의 남편 정근택은 이곳에서 꽤 유명한 사람이었다. 그의 집안이 증도에서 손꼽히는 선주였던 것처럼 그는 이 곳 어시장에서 손꼽히는 큰 손이었다. 그런 남편 정근택이 있는 임자도가 문준경의 첫 선교지라는 것은 누가 들어도 어불성설이었다. 동역자들도 말리고 문준경을 아는 사람들은 모두 그녀의 첫 선교지 선택을 말렸다. 그러나 문준경은 물러서지 않았다. 선교를 위해 한번 품은 뜻은 반드시 실현해야 하는 것이었다. 앞에서도 말한 것처럼 문준경에게 이곳은 그냥 선교지가 아니었기 때문이다. 문준경에게 이곳은 반드시 넘어서야 하는 인생의 큰 담이었다.

처음 임자도에 도착한 문준경은 당장 집 하나를 얻었다. 교회로 시작할 곳이었다. 훗날 임자진리교회가 되는 곳이었다. 그는 그 집을 중심으로 주변지역을 전도하기 시작했다. 처음에는 동네에서 놀고 있는 어린아이들을 모아 이야기를 들려주는 방식으로 전도했다. 조금 효과가 있자 곧 우물가 빨래터 아낙들에게 다가갔다. 그리고 재미있는 이야기도 들려주고 그녀들의

문준경이 처음 개척한 임자진리교회는 현재 진리교회 성도들의 순교를 기념하는 교회가 멋지게 들어서 있다. 진리가 한 눈에 보이는 언덕에 세워진 이 교회는 한국의 위대한 건축가 가운데 한 사람인 김수근의 건축 사무소에서 설계와 건축을 맡아 새롭게 단장했다.

삶의 시름을 내려놓을만한 인생 이야기도 들려주었다. 그렇게 조금씩 복음의 핵심으로 이끌어 들였다. 섬마을 주민들은 점차 문준경에게 마음을 열었다. 아이들은 문준경의 복음 이야기가 재미있었고 어른들은 문준경의 복된 소식이 인생의 심금을 울리는 이야기였다. 때때로 문준경이 불러주는 찬송가는 그들의 마음 속 깊은 곳을 울렸다. 교회는 점차 자리를 잡기 시작했다.

그럭저럭 교회가 자리를 잡기 시작할 즈음, 남편 정근택이 다시 문준경의 인생 가운데로 들어왔다. 그는 소실과 더불어 문준경에 대한 험담을 만들어

3부 문준경의 길 *201*

냈다. 그리고 섬사람들에게 퍼뜨리기 시작했다. 문준경이라는 여자는 원래 문제가 많은 여자였다는 식이었다. 섬마을에 영향력을 갖고 있던 정근택의 음모는 효과가 있는 듯 했다. 교회에 호의적이던 마을 사람들이 점차 문준경을 멀리하기 시작했다. 문준경은 속병이 들기 시작했다. 마음의 병이 결국 속병을 만든 것이었다. 그렇다고 남편의 음해에 대해 뭐라 대응을 한 것은 아니었다. 그녀는 묵묵히 그녀가 해야할 일을 했다. 복음 전도자로서 그녀에게 주어진 사명을 담담하게 이어갈 뿐이었다.

임자진리교회는 이판일, 이판성 두 형제 장로의 헌신과 수고로 크게 부흥했다. 이 두 형제와 집안의 수고로 진리교회는 섬마을에서 보기 드물게 크게 부흥하는 교회가 되었다. 안타깝게도 두 형제와 일가족, 그리고 진리교회 성도들 48명은 한국전쟁 중 공산당원들에 의해 학살되었다. 교회 뜰에는 이들의 숭고한 신앙을 기리는 기념탑이 세워져 있다.

문준경은 확실히 그리스도의 사람이었다. 그녀는 해를 당하실 때 예수님께서 그러셨던 것처럼, 박해를 당할 때에 선교자 바울이 그랬던 것처럼 묵묵히 주어진 상황을 감내하고 있었다. 속은 다 썩어서 문드러질지언정 사명으로부터 물러서지도 않았고 비켜서지도 않았다. 그것이 그가 예수님에게서 배운 길이었다. 놀라운 일은 그렇게 묵묵히 길을 가던 그녀의 뒤에 발생했다. 섬마을 사람들이 그녀의 길을 따르기 시작한 것이다. 섬마을 사람들은 그녀의 진심을 보았다. 그리고 그녀가 말하는 예수 그리스도의 십자가를 더 알게 되기를 원했다. 그렇게 임자진리교회는 말 그대로 진리의 능력으로 빛과 소금이 되어 임자도 한복판에 세워져 갔다.

드디어 첫 선교의 결실을 맺다

임자도는 오래 전부터 고고한 선비 문화가 있었다. 그 얼마 전 대원군이 전국에 척화비를 세울 때 임자도의 선비들은 그 나랏님의 뜻을 받들어 돈을 모아 스스로 척화비를 세웠다. 문준경이 열심히 전도 활동을 하고 있던 어느 날, 교회로 한 사람이 찾아왔다. 섬마을에서 손꼽히는 선비라 알려진 이판일이었다. 이판일은 문준경에게 예수에 대해 물었다. 복음에 대해 물었다. 한참을 문준경의 이야기를 듣던 이판일은 자리에서 일어서며 이렇게 말했다. "나하고 우리 집안은 이자부터 교회에 다닐라요." 놀라운 소식이었다. 베드로가 욥바에서 환상을 본 후 기이사라에 가서 고넬료의 집안을 구원시켰다는 이야기가 재현된 듯 했다.

이판일은 말 그대로 실천했다. 옛날 스스로 상투를 잘랐다던 이 고고한 선비는 스스로 집안 사당의 모든 제기와 지방을 불태우고 집안사람들에게 교회에 다니며 예수를 믿을 것을 선포했다. 진리교회에는 하루아침에 이씨 집안 사람들로 북적거렸다. 이판일과 그 집안 그리고 이판일의 동생 이판성의 집안도 함께였으니 북적거리는 것이 당연했다. 초가집으로 된 진리교회가 무너질 것만 같았다. 이판일 집안의 진리교회 출석은 놀라운 변화를 가져왔다. 섬마을의 유력자 집안이 교회에 다니기 시작했으니 섬마을 사람들의 진리교회를 대하는 태도나 문준경을 대하는 태도가 달라진 것은 당연했다. 남편 정근택과 소실의 음해와 협박이 잦아든 것도 이 시점이었다.

사실 이 때 사역자 문준경에게는 또 한 가지 문제가 있었다. 문준경이 여전히 경성성서학원의 학생이라는 현실이었다. 문준경은 결국 임자진리교회에서 열심히 사역하다가도 학교의 학기가 시작되면 학교로 돌아가야 했다. 일 년의 절반은 그렇게 저렇게 임자도에 나와 있다 해도 나머지 절반은 무조건 학교로 돌아가야 했다. 그러니 그 절반의 시간 동안 진리교회 사역은 누구에게 맡겨둘 것인가? 참말로 고민이 아닐 수 없었다. 그런데 이 문제에 대한 해법이 있기는 했다. 그 해법은 스스로 나서주었다. 배운 것도 많고 교양머리도 있던 이판일이 나선 것이다.

이판일은 선비로서 쉽지 않은 고고한 자세를 가진 사람이었다. 그런데 그는 아녀자인 문준경 아래 무릎을 꿇고 성심껏 성경을 배웠고, 기독교 진리를 익혔으며, 교회 운영에 대해서도 경험을 쌓아갔다. 그들은 워낙 몸에 배여 있는 유교 선비로서의 신실함을 새로 얻은 교회 중심의 신앙생활에서 아껌없이 펼쳤다. 하나님을 경외하던 사람들이 바울의 복음 선포를 듣고 회심한 뒤 신실한 복음의 일꾼이 되었고 바울이 세운 교회들에 성실한 지도자가 된 것과 같은 맥락이었을 것이다. 이렇게 책임감 있고 신실한 이판일과 그 형제 이판성이 문준경이 부재하는 동안 진리 교회를 든든하게 이끌어 준 것이다. 실제로 문준경이 없는 날이면 이판일은 어김없이 교회에 와 앉아 있었다. 한 번은 수요일이 되어 예배를 드려야 하는데 문준경이 없고 비가 많이 내리자, 이판일은 집에 있다가 친구들과 놀겠다는 자기 아들 이인제를 데려다 앉혀 놓고 둘이서 예배를 드린 적도 있었다. 참으로 훌륭한 동역자를 하나님께서 선물로 주신 것이다.

선교의 길
중동리교회에서 대초리교회로

또 하나의 담을 넘어서다

문준경의 임자도 사역은 매우 성공적이었다. 문준경은 경성에 있는 신학교에서 수업 과정을 마치고 실습 학기에 들어서면 부리나케 임자도로 내려왔다. 그리고 그 동안 수업을 통해 듣고 배운 것들을 성도들에게 가르쳤다. 그렇게 임자도는 문준경과 이판일의 헌신적인 사역으로 안정적인 정착과 성장을 이룰 수 있었다. 그런데 그녀에게 사도 바울의 아시아 사역을 가로막은 동일한 성령이 역사하고 있는지, 임자진리교회가 자리를 잡자 얼마 지나지 않아 문준경은 새로운 사역지로 눈을 돌리기 시작했다. 하나님의 영은 문준경이 더 이상 임자도에서 사역하는 것을 원하지 않으셨다. 하나님의 거룩한 영은 그녀의 마음속 그늘이 드리워진 또 다른 섬, 그녀의 시댁이 있는 증도로 선교적인 긍휼의 마음을 품도록 하셨다.

기독교 초기 역사에 패트릭(Patrick)이라는 사람이 있었다. 영국 출신인 그는 북쪽 아일랜드 켈트족 침략자들에게 가족을 잃고 자신은 그 사람들의 노예가 되고 말았다. 어쩌다 그 곳을 탈출하여 프랑스로 간 패트릭은 그 곳에서 신학을 배우고 목회자의 삶을 살게 되었는데, 그 때 하나님께서는 패트릭에게 노예 생활의 아픈 기억이 있는 아일랜드로 가서 복음을 전하라고 명령하셨다. 패트릭은 처음 주저했다. 그러나 곧 그 말씀에 순종하고서 그에게는 원수나 다름없는 켈트족 사람들에게 복음을 전했다. 문준경에게도 증도는 임자도 만큼이나 아픔이 배어 있는 곳이었다. 증도는 문준경이 남편

문준경은 시아주버니 정영범의 기증으로 임자도에 이어 증도에 두 번째 교회를 개척했다. 증동리교회이다. 증동리교회는 이후 문준경의 섬마을 선교를 위한 중요한 후방기지역할을 하게 된다. 사진은 현재 증도면사무소 옆에 있는 증동리교회의 전경이다.

없이 온갖 비난과 조롱 가운데 20여 년 간 시집살이를 한 곳이었다. 증도 곳곳에는 문준경의 눈물과 한숨이 스며들어 있었다. 바닷가 모랫톱이나 산자락 소나무 가지 끝 어디든 그가 눈물을 뿌리지 않은 곳이 없고 한숨을 품지 않은 곳이 없었다. 사람이라면 누구든 그런 좋지 않은 기억이 있는 곳으로 돌아가는 것을 원치 않았을 것이다. 하나님께서는 그러나 문준경이 증도로 가서 복음 전하기를 원하셨다. 그녀는 곧 그 말씀에 순종했다. 그리고 증동리 면사무소가 있는 곳 근처에 교회를 시작하기로 했다.

 순종하는 문준경이 예뻤던지 하나님께서는 그에게 귀한 동역자를 허락하셨다. 그의 시아주버니 정영범이었다. 정영범은 아버지와 더불어 오래전부터 문준경을 불쌍하게 여겼다. 자신의 동생 때문에 문준경이 말도 안 되는 고생을 하고 있다고 생각하고 미안해했다. 그러던 차에 오랫동안 증도를 떠나 있던 문준경이 찾아왔다. 그리고 정영범에게 이렇게 말했다. "아주버님, 지가 이 섬에다가 교회를 하나 차릴라는디요. 아주버님이 좀 도와주소. 그리고 아주버님도 예수 믿으시오. 예수님 믿으면 세상 어떤 것도 비교할 수 없이 아름다운 천국에 간당께요." 정영범은 한동안 제수씨를 쳐다보았다. 그리고 이렇게 말했다. "우리 착한 제수씨가 믿는 예수라면 나도 믿을라요." 정영범은 곧 온 집안 식구들과 함께 문준경이 새롭게 시작한 교회에 다니기 시작했다. 증도의 첫 선교 열매였다.

 마침 목포에 나가있다 들어온 정영범의 손녀, 그러니까 문준경을 작은 할머니라 부르는 정옥순이 방학을 맞아 섬에 들어왔다가 할아버지와 작은 할

머니가 교회를 시작한다는 이야기를 들었다. 목포에서 이미 교회에 다니던 정옥순은 뛸 듯이 기뻤다. 그리고 할아버지를 졸라 증동면사무소 근처의 작은 초가집이 딸린 땅을 교회에 바치게 했다. 신안 증도의 첫 교회는 이렇게 시작되었다. 문준경으로서는 그녀 인생 두 번째 절망스런 담을 넘은 셈이다. 그녀는 이제 당대를 살아가는 여인으로서 치욕스럽기도 하고 고통스럽기도 했던 한 많은 세월의 담을 하나님을 향한 참 신앙과 예수 그리스도의 십자가 복음에 대한 열정, 그리고 성령의 도우시는 능력으로 넘어선 것이다.

섬마을의 등대 같은 사역자

증동리 근처에 교회를 시작한 문준경은 정영범과 일가의 도움에 힘입어 열심히 전도했다. 곧 증동리 일대 몇 가정이 증동리교회에 다니기 시작했다. 작은 초가집 교회는 이제 교인들을 수용할 수 없었다. 문준경은 곧 교회를 새로 짓기로 했다. 조카손녀딸 정옥순이 이번에도 큰 도움을 주었다. 집안 어른들에게 문준경의 새 교회 건축을 위한 자재를 돕도록 요청한 것이다. 정영범을 비롯한 집안 어른들은 곧 문준경의 새로운 교회 짓기 프로젝트에 주도적으로 동참하게 되었다. 그러나 교회 건축이라는 것이 절대 쉬운 일은 아니었다. 건축 자재를 사다 옮기는 일이 낭장 그랬다.

당시 증도는 지금의 증도와 모양새 자체가 달랐다. 지금이야 아시아 최대라는 태평염전이 증도 한복판을 떡하니 차지하고 있지만 그 때만 해도 그 자리는 그저 갯벌이었다. 1930년대 증도는 대초리가 있는 전증도와 증동리가 있는 후증도 그리고 우전리가 있는 우전도 등 세 개의 주요 섬으로 나뉘어 있었다. 섬에서 섬으로 가려면 물이 빠지는 썰물 때, 그 사이로 드러나는 인공으로 만든 길 즉, '노둣길'이라 불리는 돌길을 지나 다녀야 했다. 노둣길은 말하자면 섬과 섬 사이 돌을 연이어 쌓은 인공길인데, 말이 길이지 잘못 미끄러지거나 하면 뻘에 빠지기가 일쑤인 돌투성이 길이었다. 전증도와 후증도 사이에는 이런 노둣길이 세 개 있었는데 보통은 동쪽 끝 노둣길이 가장 먼저 물이 빠지고 가장 나중에 물이 들어오곤 했다. 그래서 사람들은 늘

증동리교회의 교회 종은 섬마을 일상생활에서 중요한 역할을 했다. 교회종은 새벽기도와 수요예배, 주일 예배 시간 외에도 밀물 때나 썰물 때, 배가 들어오는 시간에도 울렸다. 섬마을 사람들은 교회 종소리를 들으며 하루를 시작하고 교회종 소리를 들으며 하루를 마감했다.

이 동쪽 끝 노둣길을 이용해 섬 사이를 오가곤 했다. 특히 증도로 들어오는 배들은 모두 전증도 동쪽 끝 버지 선착장을 거쳤다. 그러니 후증도 증동리 사람들에게는 이 동쪽 노둣길이 매우 익숙했고 또 소중한 길이었다.

문준경과 증동리교회 건축을 위한 자재들은 모두 버지선착장을 통해 섬으로 들어왔다. 교회 사람들은 그 건축 자재들을 직접 선착장으로부터 전증도 등선 앞길을 지나 노둣길을 거쳐 후증도에 있는 증동리로 날랐다. 성도들은 벽돌과 기왓장, 나무 자재들 하나하나를 직접 이고지고 해서 교회까지 옮겼다. 문준경은 직접 앞장서기도 하고 또 기도와 찬양으로 그리고 말씀으로 격려해가며 교회 건축을 완성했다. 섬마을로서는 이 모든 과정 하나하나가 결코 쉬운 일이 아니었다. 문준경과 정영범 그리고 섬마을 성도들이 뛸 듯이 기뻐했던 것은 말할 필요도 없다.

교회가 완성되고 얼마 지나지 않아 문준경은 이성봉 목사를 모시고 예배당 준공 감사 및 학습 세례 예식을 치렀다. 참으로 감격스런 시간이 아닐 수 없었다. 남도에 내려와 세운 두 번째 교회에서 스스로 예수 그리스도를 구원의 주로 고백하는 믿음의 성도들을 얻은 것이다. 문준경은 한없이 감격했고 감사의 눈물을 흘렸다. 문준경의 인생을 잘 아는 이성봉은 그를 격려했다, 그리고 문준경과 더불어 새로 지어진 증동리교회에서 부흥집회를 열었다. 참석한 모든 성도들이 큰 은혜를 체험한 것은 당연했다.

그런데 그 상황에서 예상치 못한 난관이 발생했다. 정씨 문중의 어른들이 이성봉과 문준경의 관계를 의심하여 둘 사이가 불륜이라고 떠드는 동네 사람들의 이야기를 듣게 된 것이다. 문준경은 아직 정씨 집안 며느리였다. 그런데 어른들의 눈에도 두 사람이 아침저녁으로 함께 다니며 기도하고 가르치고 하는 것을 보니 소문이 그럴 법 하겠다 여겨졌다. 문준경의 어른들은 곧 정영범에게 달려갔다. 그리고 둘 사이가 어떤 관계인지를 따졌다. 문준경을 내쫓으라고까지 했다. 정영범은 그러나 단호했다. 그는 제수씨의 신앙과 사역이 신실하다는 것을 잘 알고 있었다. 그는 한 편으로 문중의 어른들을 달래고 다른 한편으로는 단호하게 잘라 말하기를 거듭하여, 그들의 잘못된 생각을 고치는 한편 섬마을에서 일기 시작한 문준경에 대한 시기와 질투도 잠재웠다.

이즈음 문준경은 교회 사역을 중심으로 증도 섬마을을 복음의 능력으로 아름답게 섬기는 일들을 시작했다. 우선 교회에 작은 종을 설치했다. 물론 예배시간을 알리기 위한 것이었다. 주일 아침이면 그래서 증도에는 마치 알람과도 같은 종소리가 울려 퍼지기 시작했다. 성도들은 그 종소리를 듣고서 그 날이 주일이거나 수요일이고 그 시간이 예배시간이거나 집회시간인 것을 알았다. 흥미로운 것은 섬마을에 종소리가 울려 퍼지기 시작한 지 얼마 지나지 않아 그 타종소리가 섬마을의 이러저러한 일들과 시간을 알리기 시작했다는 것이다. 우선 배가 들어오는 시간을 알려주었다. 그리고 물이 빠지고 드는 때에도 타종이 있었다. 섬마을 사람들은 한 편으로 마을에 교회가 생긴 것에 대해 불편한 마음을 가지면서도 다른 한편으로 교회로 인한 편리함에 젖어 들어가기도 했다.

이 뿐이 아니었다. 문준경은 아이들과 청년들을 불러 모아 가르치기도 시작했다. 섬마을 아이들에게 배움의 기회란 요원한 것이었다. 섬마을 청년들에게 신문물이나 신지식은 그저 신기할 따름이었다. 그런 그들에게 목포에서 살다가 곧 경성 유학까지 다녀온 문준경은 일종의 동경의 대상이었다. 선망의 대상 문준경은 마을의 아이들과 청년들을 데려다 가르쳤다. 성경과 신앙적인 글들로 한글을 가르치고 노래를 가르쳤으며, 섬마을 아이들로서는 접하기 어려운 도시 신문물의 진기한 이야기들을 들려주었다. 곧 문준경은 마을 아이들과 청년들에게 인기인이 되었다. 그들은 엔터테이너로서 끼를 가진 문준경이 재미있게 들려주는 이야기들과 노래들에 홀딱 반해버렸다. 문준경은 그렇게 오후나 저녁나절 교회로 모여든 아이들과 청년들을 가르치는 동시에 복음을 심어주었다. 문준경과 더불어 하루하루를 보내던 아이들과 청년들이 교회의 신실한 일원이 되는 것은 시간문제였다. 문준경의 증동리교회는 증도의 신문물 교습학원이었으며 동시에 전도관이었다.

증도의 중심 대초리에 대한 선교적 안목

문준경은 하나님께서 남도의 섬들을 위해 부르신 주의 일꾼이었다. 안디옥교회가 바울을 이방인의 사도로 세운 것처럼 하나님께서는 증동리교회를 통해 문준경을 증도 일대와 섬마을들을 위한 전도자요 사역자로 세우셨다. 온갖 바닷가 무속신앙에 빠져 살고 타락한 풍습에 젖어 사는 섬 마을 사람들에게 그리스도의 사랑과 십자가 은혜를 전하는 사역자, 그것이야 말로 오랫동안 문준경을 훈련시키시고 성장하도록 하신 하나님의 계획이었던 것이다. 문준경과 증동리교회는 하나님의 뜻대로 곧 전증도와 우전리 등 증도 일대 여러 마을들에 대한 선교적 관심을 갖게 되었다. 이제 그 곳들에도 주님의 교회가 세워져야 했다.

  문준경은 우선 시댁의 본거지인 등선으로 갔다. 그리고 시댁을 거점 삼아 고개 넘어 대초리에 대한 선교 활동을 시작했다. 등선 마을에서 걸어 고개를 하나 넘으면 대초리 초입의 우물가가 나온다. 문준경은 우선 우물가로 갔다. 예전에는 사마리아 우물가 여인처럼 주로 신세한탄을 하던 장소였으나 이제는 확고한 목적을 가지고 그 자리에 섰다. 문준경은 우선 대초리의 여인네들에게 복음을 전했다. 그들의 이야기를 듣다가 말을 섞고 그리고는 삶의 진중한 곳으로 다가갔다. 섬아낙들의 삶이란 것이 대체로 척박하고 힘들기가 짝이 없다는 것을 잘 아는 문준경이었다. 남편이나 아버지, 시아버지, 동생, 아들 중 하나는 배타고 나갔다가 사고를 당하여 죽은 경우가 많았다. 딸들이나 여동생들 혹은 자신들 스스로는 생면부지 이웃 섬마을로 시집을 오는 경우가 많아 고단한 시집살이에 대한 한도 많았다. 남편들이나 아버지들은 여인네들을 구타하고 하대하는 경우도 많았다. 한마디로 아낙들의 마음은 상처 투성이였다. 여인들은 문준경이 정씨 집안 며느리인 것을 잘 알고 있었다. 동시에 경성에서 공부하고 내려온 증동리교회 전도사인 것도 알았다. 그러다 저러다 보니 아낙들은 점차 문준경에게 마음을 열게 되었다.

섬마을 여인들은 항상 우물 주변으로 모여들었다. 그들은 마치 사마리아 우물가 여인처럼 정처를 알 수 없는 자신들의 삶을 그 우물터에서 쏟아냈다. 대초리 우물터도 예외는 아니었다. 문준경은 늘 이곳에 가서 여인들을 만나고 그곳에서 그들에게 복음을 전했다. 그렇게 증동리교회 이후 세 번째 대초리교회가 시작되었다.

문준경은 곧 그들의 상처 가득한 마음 깊숙한 곳으로 다가갔다. 오래전 목포에서 자신의 삯바느질 방에 찾아오신 예수 그리스도의 그 마음으로 여인들에게 다가갔다. 깊은 긍휼의 마음과 풍성한 사랑의 마음, 그것이야 말로 대초리 선교의 시발점이었다. 문준경은 착실하게 그들의 마음속에 예수 그리스도를 심기 시작했다. 결실은 금방 나타났다. 여인들이 문준경이 가져온 예수 그리스도 복된 소식을 듣기 시작한 것이다. 여인네들 주변에는 그 집 아이들도 있었다. 문준경은 임자도와 증동이레서 경험한 전도 방법을 사용했다. 아이들에게 이야기를 들려주고 노래를 가르쳐 준 것이다. 그러자 아이들 역시 문준경을 따르게 되었다.

　문준경은 증동리교회와 함께 대초리 한복판 작은 초가집에 교회를 열었다. 그리고 우물가에서 전도한 여인들과 아이들을 교회로 이끌었다. 문준경의 세 번째 대초리교회가 시작된 것이다.

사역자로서 본격적인 시련에 직면하다

　대초리는 전증도의 중심 마을이었다. 대초리는 증도 일대의 여러 마을 가운데서도 가장 큰 마을이었다. 문준경의 선교적 안목은 탁월한 것이었다. 증도에 시작 거점을 세우고 그리고 나서 섬 일대 가장 크고 중심이 되는 마을을 공략하는 선교 전략은 가히 선교 사역의 모본이라 할 만한 것이었다.

　문준경은 비록 작은 초가집일지언정 하나님께서 세우신 대초리교회를 중심으로 마을을 넘어 곳곳을 다니며 복음을 전했다. 섬마을들은 소위 잠둥길이라 불리는 오솔길들로 이어져 있었다. 문준경은 매일 아침 대초리교회 주변을 다니며 전도활동을 수행했다. 그러면서 조금씩 잠둥길들을 통해 이곳저곳 주변 마을들을 살피기 시작했다. 선교의 지경을 넓히기 시작한 것이다. 문준경은 우선 고개 넘어 장고리를 살피기 시작했다. 고개 하나를 넘어와야 하는 장고리는 별도의 교회가 필요한 곳이라는 생각이 들었다. 탁월한 선교적 전략가였던 문준경은 얼마 후 그 곳에 기도처를 마련했다. 비교적 닿기 쉬웠던 아래쪽 덕정마을도 선교를 위해 수시로 드나들었다. 얼마 지나지

대초리교회는 증도 내에서 아름다운 교회로 손꼽힌다. 증도에서 장고리를 지나 화도로 넘어가는 길 사이 등선과 버지 선착장으로 들어서는 길에 서 있는 이 교회는 주변의 산세와도 잘 어울리는 아름다운 모습을 간직하고 있다. 사진은 눈내린 대초리교회 모습이다.

않아 덕정마을 사람들은 곧 대초리교회에 출석하기 시작했다. 문제는 건너편 우전도였다. 전증도에서 우전도로 가려면 장고리에서 썰물 때를 기다렸다가 노둣길을 가로질러 가야했다.

   지금이야 간척사업과 소나무 방풍림 사업으로 풍광 좋은 도로가 펼쳐져 있지만 그 때만 해도 두 섬은 또 하나의 노둣길을 통과해야 서로 만날 수 있는 곳이었다. 우전도 사람들은 실제로 전증도나 후증도 사람들과 많이 달랐다. 전증도나 후증도야 시댁인 정씨 일가가 콧방귀 꽤나 끼는 집안이어서 나름의 혜택도 누렸으나 우전도에는 아는 사람이 많지도 않았다. 그러나 하나님께서는 문준경의 열렬한 복음전도 마음을 읽으시고 그 곳에 고넬료와 같은 한 집안을 예비해 두셨다. 그곳 마을 주씨 일가에게 아픈 딸이 있었는데 문준경이 기도로 그 병을 고쳐주었고 덕분에 온 집안 사람들이 예수를 영접하게 된 것이다. 우전리교회의 시작이었다.

이제 문준경의 선교적 여정은 더욱 길어졌다. 전에는 증동리교회에서 대초리로 대초리에서 장고리 정도로 이어지는 정도였으나 이제는 증동리에서 우전리로 혹은 증동리에서 대초리에서 다시 장고리와 우전리로 이어지는 확장된 전도 여정을 소화해야 했다. 다행히 증동리교회에는 문준경 일생의 중요한 동역자가 부임해 왔다. 임자도의 경우에도 교회가 어느 정도 부흥하여 안정되자 이봉성 전도사에게 교회 사역을 위임한 문준경은 증동리에도 백정희 전도사에게 일정 부분 사역을 위임하고서 본인은 대초리교회와 장고리 및 우전리 기도처 사역에 전념했다.

말이 그렇지 실제 문준경이 감당했던 사역의 분량과 고난은 상상을 초월하는 것이었다. 본격적으로 선교 사역자의 어려움에 직면하게 된 것이다. 증동리와 대초리, 우전리 사이 노둣길들을 왕래하며 문준경은 여러 번 고무신을 잃어버리고 버선발로 다니는 경우가 많았다. 어느 곳에 가서는 마을 사람들이 못살게 굴며 문준경의 고무신을 찢어버리기도 해 신발 하나 구하기도 쉽지 않은 섬마을 한 켠에서 눈물을 삼킨 적도 있었다. 무엇보다 문준경이 복음을 전하러 다니는 마을 곳곳에는 공공연하게 문준경을 대적하거나 위협하는 등의 박해를 일삼은 집단이 생겨났다. 어느 곳에서는 떼를 이루어 기도처를 공격하고 기물들을 파손하는 경우도 발생했다. 그럴 때마다 문준

증도는 원래 세 개의 섬으로 나뉘어 있었다. 증동리가 있는 후증도와 대초리가 있는 전증도 그리고 우전리가 있는 우전도이다. 옛날 섬 사람들은 물 때를 맞춰 섬과 섬 사이를 오갔다. 섬과 섬 사이에는 돌들을 날라다 만든 노둣길이 있었다. 말이 길이지 섬들 사이를 지나 다니기 여간 어려운 것이 아니었다. 문준경은 이 섬들 사이 노둣길을 부지기수로 건너다녔다. 그가 확신하는 복음 때문이었다.

경은 속이 상했다. 눈물도 흘렸다. 그러나 복음 전도를 위한 열정과 헌신을 거두어들인 것은 아니었다. 그 모든 어려운 상황에서도 문준경은 자신이 섬마을 사람들을 위해 부름받은 섬마을 전도자요 사역자라는 사실을 확신했다. 그들에게 복음을 전해야 한다는 마음의 뜻을 더욱 굳건하게 했다.

신실한 길
대초리교회에서 신안의 섬들로

섬마을 사역자로 굳건하게 서다

　문준경의 헌신적인 노력으로 증도 일대에는 여러 교회들과 기도처들이 생겨나게 되었다. 많은 사람들이 교회에 다니기 시작했다. 놀라운 것은 문준경의 사역 패턴이 더욱 강화되고 풍성해지기 시작했다는 것이다. 문준경은 섬마을 곳곳을 다니며 단순히 복음만 전한 것은 아니었다. 일단 섬마을 어느 한 곳에 기도처와 같은 포스트를 정하고 그곳을 중심으로 마을 집집을 다니며 전도활동을 하는 문준경식 전도에는 특이한 것이 있었다. 그녀는 이 마을 저 마을을 다니거나 혹은 이 섬 저 섬을 다니면서 택배 기사 노릇을 자처했다. 지금도 그렇지만 당시 섬마을에는 이 마을에서 저 마을, 이 섬에서 저 섬으로 시집을 가는 경우가 많았다. 당연히 친정집에서는 시집간 딸이 잘 사는지가 궁금했다. 딸이 외손주라도 보았다거나 혹은 아프다는 소식을 듣게 되면 친정집에서는 시댁에 찾아가지는 못하고 걱정하며 발만 구르는 경우가 많았다. 결국 성도들이나 혹은 성도들 주변 마을 사람들은 이 마을 저 마을, 이 섬 저 섬을 옮겨 다니는 문준경에게 이것저것을 부탁하게 되었고 문준경은 그것을 빌미로 여러 집을 다니며 더욱 열심히 복음을 전하게 된 것이다.

　문준경은 그 외에도 많은 부분에서 섬사람들의 필요를 채워 주었다. 문준경의 미쓰비씨 재봉틀은 특히나 매우 유용하게 활용되었다. 섬마을 사람들 사이에서는 문준경이 예전에 목포에서 미쓰비씨 재봉틀을 가지고 삯바느질을 했다는 이야기가 돌았다. 사람들은 곧 문준경에게 옷이나 이불 만드는 일을 부탁하기 시작했다. 섬마을에 애경사라도 생기게 되면 문준경의 재봉틀은 어김없이 멋진 솜씨를 발휘했다. 결혼이나 환갑 같은 귀한 잔치를 앞두고는 더더군다나 그랬다. 예단이나 이불 등을 만드는데 재봉틀이 제 역할을 톡톡히 한 것이다. 문준경은 산파역할도 곧잘 했다. 어느 집에서는 일곱 아이들을 내리 문준경이 받아 내기도 했다. 섬마을 사람들이 아프기라도 하면 목포나 서울을 오가면서 가져온 약들로 치료도 해 주었다. 아이들 먹일 것이 없는 집에는 자신이 먹을 것과 교회의 먹을 것을 가져다주었다. 남편에게 매 맞고 온 부인을 위한 보호자 역할도 자청하고 때리는 남편을 계도하는 역할에도 대담했다.

　문준경의 섬마을 사역은 한 마디로 목민(牧民)하고 애민(愛民)하는 사역이었다. 나랏님도 그렇게 하지 못했을 법한 여러 일들을 문준경은 군소리 없

증도에는 산정봉이라는 작은 봉우리가 있다. 문준경은 매일 아침 이 봉우리에 올라 증도 일대와 신안의 섬들을 바라보며 기도했다. 지금 산정봉에 오르면 1970년대 방풍림 사업으로 조성된 한반도 모양의 소나무 숲이 보인다.

이 해 주었다. 얼마 지나지 않아 문준경의 교회와 기도처는 마을사람들의 이야기를 들어주고 문제를 해결해 주며 해결 방법을 위해 회의를 하기도 하는 센터가 되어갔다. 물론 문준경에게는 훌륭한 동역자들과 지원자들이 있었다. 시댁의 정영범을 비롯한 식구들은 여전히 든든한 보탬이 되어 주었다. 문준경이 사역하는데 필요한 물자들을 제공해 주거나 문준경이 사역하며 필요한 것들을 충족하도록 땅을 제공하기도 했다. 양도천과 백정희는 문준경이 증도와 주변 섬 이곳저곳을 다니며 선교 활동을 하는데 없어서는 안

될 중요한 동역자들이었다. 그들은 문준경의 든든한 지원부대였으며 안정적인 사역 공급처이기도 했다. 문준경이 증동리교회를 비운 사이 두 사람은 교회를 잘 관리하고 운영하며 문준경을 위해 기도했다.

문준경은 이 모든 궂은일들을 단 한 번도 마다하지 않았다. 가만히 생각해보면 어떤 것들은 도무지 복음전하는 일과 상관이 없어 보이기도 했다. 그러나 문준경은 그 모든 일이 복음을 전하고 예수 믿는 사람들을 더 많이 부흥하게 하는 일과 깊은 관련이 있는 것이라 여겼다. 그래서 주저하지 않았다. 동네 사람들이나 멀리 다른 섬사람들이 부르면 달려갔고 도왔고 헌신했다. 그렇게 문준경은 섬사람들의 삶 깊은 곳에 자리 잡고 그들을 위해 헌신했다. 문준경은 이제 섬마을 사람들에게 점점 귀한 사람이 되어 가고 있었다.

신앙의 핵심을 잃지 않다

그 때는 일제의 엄혹한 시절이었다. 무엇을 하든 일제의 감시가 나라 곳곳에서 매의 눈으로 도사리고 있었다. 1930년대 후반을 넘어서면서 일제는 소위 종교적인 측면에까지 내선일체(內鮮一體)를 강조했다. 경성 남산에 있는 신궁에는 이토 히로부니(伊藤博文)와 메이지(明治) 천왕의 신주를 가져다 두었는데, 총독부는 조선에 사는 내외국인들에게 그곳을 방문하여 참배를 하라고 강요했다. 시절이 하도 냉엄하니 조선 사람들은 대부분 일제의 강요에 굴복했다. 기록에 의하면 연간 약 200만 명이나 되는 사람들이 남산 신궁을 방문하고 참배를 했다고 한다. 지방 곳곳에 설치된 신사들에서도 이런 일들은 비일비재했다.

문제는 기독교도들이었다. 대부분의 기독교인들은 천왕을 신처럼 모셔야 한다고 주장하고 그것을 강요하는 일제 통치자들의 요구와 등살에 못 이겨 신사에 참배하고 황성에 요배했다. 어떤 경우에는 천왕을 믿고 섬기는 일에 위배되는 신앙 교리나 행위들 특히 설교가 감찰의 대상이 되고 금지되는 경우가 발생하기도 했다. 조선 내 대부분의 기독교 교회들은 문을 닫아야 했고 교단은 천왕에 대한 신앙을 병행하는 어용교단에 통합되었다.

어이없는 상황은 문준경이 사역하던 증도에도 있었다. 일제강점기에는 '경방단'이라는 조직이 있었는데, 원래는 지역 사회의 자체 방범과 화재 예방 및 소방 활동을 위해 조직된 것이었다. 그런데 이 조직이 일제강점기 후반부에 들어서면서 점점 일제의 강압적인 통치를 돕는 방계 조직으로 강화되고 말았다. 친일 부역자들이 그렇게 이용한 것이다. 대부분 일제에 부역하던 조선인들로 이루어진 이 조직은 점점 위안부 모집이나 징용 등에 관여했고, 실제로 이들을 통해 많은 남여 젊은이들이 일제의 전시 상황에 동원되는 어처구니없는 일들이 일어나게 된다.

문준경의 증도에도 이 경방단이 있었다. 이들은 일제의 교회 탄압에 발맞추어 증동리교회를 핍박했다. 교회에 있던 종을 비롯한 온갖 쇠붙이들을 일제의 전시 동원이라는 명분으로 강제 징발했다. 더불어 경방단은 온갖 방법을 동원하여 문준경의 설교와 사역을 문제 삼았다. 그 뿐이 아니었다. 그들은 증동리교회 자체를 강제로 징발하여 1,600원에 팔고서는 그것을 경방단 소유로 삼아버렸다. 그 사이 문준경은 수도 없이 일제 경찰에 끌려가 심문을 당해야 했다. 문준경이 천왕을 숭배하지 않을 뿐 아니라 언젠가 천왕도 일본도 무너지고 예수 그리스도에 의한 새 나라가 세워질 것이라고 교인들

문준경은 일제강점기와 한국전쟁 등의 시대적인 열악함에도 불구하고 섬마을에 복음 전하기를 쉬지 않았다. 문준경에게는 섬과 섬 사이 질퍽한 갯벌을 지나는 것이나 시대의 굴곡들을 넘어서는 것이나 별반 다른 일이 아니었다. 사진은 현재 증도의 명물 가운데 하나인 짱뚱어 다리이다.

을 가르쳤다는 것이었다. 결국 이 일로 문준경은 일제 경찰에 의해 목포로 잡혀가고 말았다. 다행히 풀려나기는 했어도 문준경으로서는 정말 큰 고초를 겪은 것이었다.

문준경과 증동리교회의 어려움은 그러나 끝난 것이 아니었다. 경방단에게 빼앗긴 교회는 어느새 인근 지주들에게 넘어가 있었는데, 해방이 된 후에도 그들이 교회를 돌려주지 않은 것이다. 문준경과 교인들 입장에서는 피눈물이 날 지경이었다. 그들을 상대로 법적인 소송까지 치러야 했다. 결국 어렵사리 교회는 되찾았다. 그러나 문준경으로서는 참으로 심신이 고단해지는 일이었다.

일제강점 말기와 해방 후의 상황을 겪으며 문준경은 상당히 지쳐 있었다. 너무나 많은 일들이 그녀의 사역을 가로막았고 시험에 들게 했으며 고난 가운데로 빠져들게 했다. 결국 문준경은 몸져눕고 말았다. 그러나 문준경은 좌절하지 않았다. 그는 말 그대로 시험이 닥칠지라도 시험에 빠지지 않게 해달라는 주기도문의 기도처럼 그 모든 상황을 이겨나갔다. 문준경은 주어진 상황을 역이용하여 하나님의 신실한 사역자로 굳건하게 서는 기회로 삼았다. 해방 후 한국성결교회가 일제에게 빼앗기고 무너진 교회를 재건하는 일을 추진했는데 문준경은 그 일을 위해 자신의 재산을 아낌없이 바친 것이다. 증동리교회가 겪은 어려움을 잘 알고 있기에, 동료 목회자들과 교회들이 그 모든 어려움을 잘 이겨나가기를 바라는 마음으로 자신에게 남겨진 한 조각 재산마저 하나님과 교회를 위해 바친 것이다. 문준경은 하나님께 드리기로 한 삶의 어느 한 부분이라도 빠짐없이 온전히 헌신한 참 헌신의 사역자였다.

화도 사람들이 찾아오다

문준경의 섬사람들에 대한 애정은 대단했다. 특별히 예수 그리스도의 십자가 은혜 가운데 나누는 사랑은 대단한 것이었다. 대초리교회가 자리를 잡고 한참 부흥하고 있을 때였다. 증도 아래쪽 작은 섬 화도에서 사람들이 찾아왔다. 그들은 오래전부터 증도에 드나들며 문준경의 설교를 듣고 문준경의 섬사람들을 향한 사랑과 봉사를 봐왔다. 일단의 화도 사람들은 문준경이 개척한 대초리교회에 출석하기로 했다. 물론 문준경과 대초리교회 사람들은 진심으로 그들을 환영했다.

화도는 말 그대로 꽃이 많이 피는 섬이었다. 지금도 드라마 촬영이나 영화 혹은 뮤직비디오를 위해 연예인들이 찾아오는 아름다운 섬이다. 그래도 아름다운 것은 아름다운 것일 뿐이었다. 섬은 섬인지라 사람이 살고 사람이 활동하는 데에는 문제나 제약이 있게 마련이었다. 화도 사람들이 대초리교회에 출석하기로 한 것은 진심 환영할만한 일이었다. 문제는 그 섬 사람들이 교회 출석을 하는 일이 쉽지 않다는 것이었다. 화도에서 전증도로 나오려면 역시 노둣길을 거쳐야 했다. 증도와 화도 사이에는 지금도 노둣길이 놓여있다. 옛날이나 지금이나 증도와 화도 사이 길은 물이 빠져야 열리고 출입이 가능하다. 옛날과 지금이 다른 것이 있다면, 옛날에는 그 노둣길을 사람이 걸어 통행했지만, 지금은 차량 통행이 가능하다는 것이다.

매 주일 아침 화도 사람들은 물 때에 맞춰 대초리로 왔다. 그런데 그것도 한 두 번이지 매주일 아침 정해진 시간에 대초리로 건너오는 것이 쉬운 일만은 아니었다. 화도 사람들 입장에서는 문준경 전도사의 열정적인 설교를 듣고 그와 더불어 복음의 은혜를 나누는 일이 무척이나 은혜롭고 즐거운 일

화도는 지금도 아름다운 섬이다. 이곳은 사진작가와 영화 촬영자들의 발걸음이 늘 이어진다. 지금이야 화도와 증도 사이에 차가 다닐 만큼의 큰 노둣길이 만들어졌으나 문준경 당시만 해도 이 길은 끝도 없는 돌무더기 길이었다. 그나마 물때를 놓치면 오도 가도 못하는 섬이 바로 아름다운 화도였다.

이었으나 마음이 그렇다고 해서 세상 이치가 늘 그것을 따라 주는 것은 아니었다. 결국 문준경과 대초리교회 그리고 무엇보다 화도 사람들은 그 섬에 또 하나의 교회를 세우기로 했다. 꽃밭사이 교회로 이름난 화도교회의 시작이다.

문준경의 열정에 감복한 사람들이 증동리교회나 대초리교회에 출석하다가 별도의 기도처나 교회로 분립한 경우는 많이 있었다. 증동리교회로부터 방축리교회나 염산교회가 분리 독립해 나갔고 대초리교회에서 화도나 병풍교회, 대기점교회 등이 분리해 나갔다. 장고리나 우전리교회가 독자적인 기도처로서 별도의 예배를 드린 것은 이미 오래 전 일이다.

지금 대기점도를 지나 소악도라는 작은 섬에 가면 문준경의 열정으로 세워진 마지막 교회 소악도교회가 자리하고 있다. 문준경은 이렇게 증도를 넘어서 증도 일대 여러 섬 사람들에게 복음의 영향력을 끼치기 시작했다. 많은 사람들이 문준경의 헌신과 봉사, 열정적인 전도에 감동하여 그리스도 예수의 도를 받아들이기 시작했고 교회에 출석하기 시작했으며 각자 자기 동네에 교회를 시작했다. 시대와 인생의 막다른 담에 갇혀 신음하던 한 여인의 신념어린 헌신이 이룬 놀라운 결과였다.

복음을 갈망하는 사람들이 늘어나다

이천 년 전 초대교회의 복음 전파는 실로 대단한 것이었다. 예수님께서 제자들을 향해 "오직 성령이 너희에게 임하시면 예루살렘과 온 유대와 사마리아와 땅 끝까지 이르러 내 증인이 되리라"고 하신 지 20년도 되지 않아 교회는 아시아를 넘어서 유럽에 세워졌다. 백년도 되지 않은 시점에 교회는 제국의 중심 로마에서 사람들의 삶을 변화시키고 있었다. 그리고 약 300년 가량 흐른 뒤 로마 제국은 더 이상 기독교를 이길 수 없었다. 복음의 능력이 세속의 제국을 덮어 버린 것이다.

비슷한 일은 약 70년 전 신안에서도 일어났다. 한 여인의 복음을 위한 열정, 섬사람들을 향한 긍휼과 사랑의 마음은 그녀 자신이 서 있던 가시밭길과 같은 인생을 넘어서 동시대 남도 섬사람들의 심령 곳곳으로 스며들어갔고 그들이 복음의 은혜 가운데 변화된 삶을 살도록 했다. 증도와 인근 섬사람들은 문준경의 헌신과 희생, 열정과 사랑을 통해 복음 아래 변화하여 하나님의 사람들이 되었다. 알려지기로는 당대 증도 일대 사람들의 약 90 퍼센트가 문준경을 따라 예수를 믿기로 했다고 하니 실로 놀라운 결실이다.

증동리교회가 처음 세워진 이래 증도 일대에는 약 11개의 교회가 세워졌다. 문준경 스스로 세운 교회는 증동리교회와 대초리교회다. 나머지는 모두 그녀의 기도처였다. 그러나 각 기도처들은 얼마 지나지 않아 성도들이 주일에 예배를 드리는 교회가 되었다. 그리고 그 교회들은 지금도 증도 일대에서 그 섬이 한 여인의 헌신과 희생으로 하나님께 바쳐진 곳임을 증명하는 기념비들처럼 곳곳에 굳건하게 서 있다.

역사 속 많은 사람들이 교회와 하나님에 대한 신앙을 비웃었다. 가인의 자손 라멕은 하나님의 뜻을 이어 이 땅 가운데 삶을 신실하게 이어가는 셋의 자손들을 향해 조롱의 노래를 퍼부었다. 바벨탑을 건설한 세상의 사람들은 여전히 하나님의 뜻 가운데 신실한 삶을 이어가려는 노아의 자손들 앞에 비웃듯 높은 탑을 건설했다. 애굽의 바로와 그 백성들은 그들이 가진 힘으로 번성하는 하나님의 백성들의 대를 끊어버리려 애썼다. 가나안 일대를 지배하며 오만하게 살던 아낙 자손들은 이스라엘 백성들을 메뚜기처럼 여기

문준경전도사는 증도와 주변 섬에 11개의 교회를 세웠다. 처음에는 기도처였던 곳도 지금은 어김없이 독립교회가 되었다. 사진은 증도 아래 소악도에 있는 소악도교회이다.

며 그들의 땅에 들어오지 못하도록 호령했다. 하나님 무서운 줄 모르던 앗수르의 산헤립과 랍사게는 하나님의 신실한 이사야와 히스기야 그리고 유다 백성들을 조롱하며 그들의 하나님이 끝났다고 협박했다. 바벨론과 느부갓네살은 예루살렘을 무너뜨리고 이스라엘 백성들을 포로로 잡아간 뒤 보란 듯 여호와 하나님에 대한 신앙을 철회하라 요구했다. 이런 일들은 참으로 비일비재했다. 세상은 꾸준히 하나님의 백성들을 조롱했고 하나님의 백성들을 위협했다. 그에 비해 하나님의 백성들은 참으로 미약한 듯 보였고 한없이 작아보였으며 금방이라도 무너질 것 같은 연약함 가운데 있었다.

그러나 하나님께서는 오직 신실한 신앙으로 무장하고, 그 하나님의 사랑을 세상에 중보하여 전하려는 의지로 충만한 당신의 백성들에게 힘을 주셨다. 힘만 주신 것이 아니라 결국 하나님을 믿는 신앙이 세상을 이길 것에 대해 희망을 주셨다. 하나님의 백성들은 그래서 세상의 눈으로 보기에 연약해 보이더라도 하나님의 구원 의지와 그 능력을 믿으며 세상을 중보하는 사명을 면면히 이어갔다. 그들은 분명 승리하리라는 것을 믿고 수고를 아끼지 않았다. 그들의 승리가 가능하다는 것을 입증하는 첫 열매는 하나님의 아들, 예수 그리스도의 죽으심과 부활이었다. 누구든지 예수 그리스도의 십자가 죽으심과 부활의 능력을 믿는 이들에게는 복음으로 이기는 결실이 주어질 터였다. 이후 예수님의 제자들과 바울을 비롯한 교회 역사의 지도자들은 세상이 비웃은 예수 그리스도의 십자가 능력과 부활의 소망을 따라 복음과 신앙 승리의 행진을 이끌었다.

문준경은 신앙으로 승리하는 대열의 백미이다. 문준경은 삯바느질을 하던 목포의 골방에서 일어선 후, 한 번도 그리스도 예수 안에서 믿는 믿음과 그 결실에 대한 소망을 버린 적이 없었다. 무수한 신앙의 선진들이 보여주었듯 예수 그리스도의 능력은 보란 듯 그녀의 연약함을 강건함으로 바꾸어 사역의 결실들을 허락하셨다. 문준경은 그렇게 남도의 복음으로 빛나는 빛이요 소금이 되었다.

문준경을 아는 일이 제아무리 중요해도 증도 순례의 백미 가운데 하나는 역시 증도의 소금을 체험하는 일이다. 증도에는 아시아 최대라는 '태평염전'과 '소금박물관'이 있다. 증도에 가게 되면 이 두 곳은 꼭 방문해 보아야 한다. 이 염전 곁에 함초가 자라는 갯벌 밭이 있는데 그 풍광이 아름답기로 유명하다.

헌신의 길
솔등에서 순교기념관으로

전쟁의 와중에 양떼를 지키다

　1950년 한국전쟁 발발은 온 나라 사람들로 하여금 좌 혹은 우편에 서도록 강요했다. 증도 역시 다르지 않았다. 한달음에 남도 일대까지 점령해 버린 공산군은 증도를 비롯한 각 섬마을에 그들을 지지하고 부역하는 이들을 중심으로 하는 위원회를 조직했다. 그리고 마을의 지주들과 교회를 비롯한 공산주의에 반하는 이들을 괴롭히기 시작했다.

　일제 강점기 말기 경방단에 의해 일제에 넘어갔던 증동리교회는 다시 어려움에 빠졌다. 마을 공산주의자들이 면사무소를 접수한 이래 교회를 압수해 버린 뒤 인민위원회를 교회에 차린 것이다. 교회에는 십자가 대신 공산주의자들의 깃발이 나부꼈다. 기도하며 찬양하고 하나님을 예배하는 사람들 대신 선동적인 발언들과 의식화하려는 완강한 공산주의자들이 난무하게 되었다. 그들은 구둣발로 교회에 난입해 교회를 차지해 버리고 하나님의 교회를 무신론자들의 압제적 건물로 바꾸어 버렸다.

공산주의자들 가운데는 외부로부터 들어온 사람들도 있었으나 마을에서 자생하여 가입한 사람들도 있었다. 그들이 마을과 섬에 대해 그리고 섬사람들에 대해 속속들이 알고 있었던 것은 당연한 것이었다. 인민위원회는 교회 다니던 사람들을 붙들어 왔다. 문준경과 백정희도 끌려왔다. 그리고 인민위

문준경은 일제로부터 해방되기 직전 그리고 한국전쟁기 공산치하에서 모두 큰 고초를 겪었다. 그러나 이 모든 고통스러운 상황들이 그녀의 섬마을 선교와 목회를 멈추게 하지는 않았다. 문준경은 모든 어려움 가운데서도 꾸준히 신실한 섬마을 목회자였다.

원회의 허드렛일을 시키기 시작했다. 문준경과 교인들은 온갖 수모를 겪으며 그들의 수발을 들어야 했다. 그 뿐이 아니었다. 수시로 문준경과 교인들에게 배교할 것을 요구했다. 말을 듣지 않으면 협박하다가 협박도 통하지 않으면 구타했다. 참으로 어려운 시간들이었다.

물론 문준경은 이 상황이 훨씬 더 고통스러웠다. 공산주의자들은 문준경이야말로 이 교회의 수괴라고 생각했다. 그래서인지 공산주의자들은 문준경에게 더욱 더 가혹했다. 일반 교인들에게 한두 가지 일을 시킬 때 문준경과 백정희에게는 열일을 시켰고, 다른 섬사람들은 한 두 대만 때리고 그만두던 것에 비해 문준경과 백정희에게는 무수한 구타가 수시로 이어졌다. 참으로 견딜 수 없는 시간들이었다.

그러나 이 모든 어려움 속에서도 문준경은 교회를 떠나거나 도망치지 않았다. 문준경은 아침이면 으레 다른 교인들과 같이 교회로 와 인민위원회의 허드렛일을 하고 핍박도 받았다. 그러면서도 틈나는 대로 성도들을 돌보고 그들을 위해 기도했다. 때때로 아픈 가운데 있는 성도들을 대신해 그의 일을 해주기도 하곤 했다. 자신은 돌보지 않았다. 그것이 목자의 참 소명이라고 생각한 것이다. 많은 목자들이 자신의 안위를 위해 양떼를 떠나던 시절이었다. 그러나 문준경은 자리를 지켰다. 문준경은 목자로서 하나님께서 맡겨주신 양떼를 위해 수고하고 헌신하며 희생하는 것이야 말로 가장 영예로운 일이라 여겼다.

나는 내 양들에게로 돌아갈테요

결국 일이 터졌다. 전세가 역전되어 연합군에 의해 인천이 수복되고 서울 수복을 목전에 두고 있던 상황이었다. 수시로 목포 본부와 연락을 취하던 공산주의자들은 상황이 자신들에게 불리하게 돌아가고 있음을 알아챘다. 이제 이곳 증도를 정리하고 섬을 떠나야 한다는 것도 알았다. 그들은 서둘러 주변을 정리하기 시작했다. 그동안 자신들이 괴롭히던 마을의 유지들과 특별히 교회 사람들은 그들이 먼저 그리고 완벽하게 정리해야할 대상이었다. 가장 먼저 서두른 일은 문준경을 체포하여 목포에 있는 정치보위부 지역본부로 보내는 일이었다. 그곳까지 보내고 나면 그 곳의 진정한 공산주의자들이 문준경을 알아서 처리할 것이었다.

9월 27일이었다. 문준경은 임자도의 이판일과 더불어 체포되어 목포로 끌려갔다. 그리고 목포에서 며칠 구금되어 있었다. 죽을 날만 기다린 것이다. 그런데 놀라운 일이 벌어졌다. 서울이 수복되고 북으로 돌아갈 수 없게 된 것을 안 공산주의자들이 목포의 보위부를 버리고 지리산으로 도망친 것이다. 잡혀있던 사람들은 죽이지 않았다. 아니 죽일 시간이 없었다. 덕분에 문준경과 이판일 등 교회 지도자들은 살아남을 수 있었다.

어렵사리 풀려난 문준경과 이판일은 그 때 목포에 내려와 있던 이성봉 목사를 만났다. 이성봉 목사는 지금 벌어지고 있는 상황을 알려주고 당분간 안전한 목포에 남아 있으라고 권유했다. 그러나 문준경은 그럴 수 없었다. 양들이 증도에서 어떤 상황 속에 있는지를 알면서도 자신의 안위만을 위한다

목포 정치보위부에서 풀려난 문준경과 이판일은 함께 배를 타고 증도와 임자도로 돌아왔다. 그리고 한 날 공산당원들에게 순교했다. 사진은 문준경이 마지막으로 입도한 버지선착장이다.

는 것은 하나님의 사명을 받은 목자로서 어울리지 않는 일이라 생각한 것이다. 그 생각은 이판일도 마찬가지였다. 그 역시 임자진리교회의 지도자였다. 그도 자신의 양들이 있는 곳으로 돌아가기를 원했다.

두 사람은 섬으로 가는 배를 어렵사리 구했다. 각 섬들의 상황이 다 달랐고 해군을 중심으로 하는 국군이 주민들이 사는 섬 하나하나를 탈환하는 작전을 진행 중이었기 때문에 어느 섬이나 어느 해로가 안전한지는 아무도 몰랐다. 어쨌든 두 사람은 원래 다니던 항로를 따라 올라갔다. 문준경이 먼저 증도의 버지선착장에 도착했다. 1950년 10월 4일 저녁 무렵이었다. 이판일도 같은 날 얼마 후 임자도 선착장에 도착했다.

선착장에 도착한 문준경은 바로 등선 시댁으로 갔다. 그리고 시댁 사람들에게 '목포가 수복되었다'고 알렸다. 그렇게 소식을 전한 뒤 그는 그 곳에 잠시라도 머물러야 했다. 그런데 그러지 않았다. 물때가 된 것을 알고는 바로 노둣길을 건너 증동리로 건너갔다. 증동리교회로 간 것이다. 그날 밤 문준경은 이리저리 다니며 교인들의 안전 상태를 살폈다. 그녀의 활동은 아직까지 남아 있던 공산주의자들에게 알려졌다. 그들은 바로 문준경을 체포하기 위해 움직였다.

그렇게 하면 죽을 수도 있다는 것을 알면서도 그 일을 하는 사람들은 위인이라 불러야 한다. 모세는 다시 애굽으로 돌아가는 일이 자신에게 위험할 수도 있다는 것을 알면서도 그 죽을 길을 갔다. 바울은 3차 전도여행을 마친 뒤 로마로 가야겠다고 생각하고서 예루살렘으로 갔는데, 그 역시 죽을 수도 있는 길이었다. 이미 알고 있듯, 예수님 역시 그 때 예루살렘으로 가는 여행이 죽음을 향한 길이라는 것을 잘 알고 있었으나 예루살렘으로 올라가는 발걸음을 멈추지 않았다. 이 모든 이들의 마지막 길에는 공통점이 있었다. 단 한 순간이라도 자신의 목숨보다 소중하고 고결한 비전과 사명을 위해 살아야 한다는 것이다.

문준경이나 이판일 역시 마찬가지였다. 그들은 목포에서 각자의 섬으로 가는 그 길이 자신들에게는 마지막 여행길, 마지막 인생길일 수도 있다는 것을 잘 알았다. 그럼에도 그들은 그 길 가는 것을 멈추지 않았다. 그곳에 자신들이 일평생 신념으로 확신하며 살았던 이유들이 있었기 때문이다. 그 밤 왜 그 길을 갔느냐고 묻는다면 문준경은 이렇게 대답했을 것이다. "내 목숨보다 소중한 내 양들, 십자가의 사랑으로 회복한 양들이 거기에 있기 때문입니다."

마지막 시간들

증동리 일대를 보란 듯 들쑤시며 돌아다니던 문준경은 남아 뒷정리를 하고 떠나려던 공산주의자들에게 체포되었다. 그들은 이미 섬의 몇몇 사람들을 학살한 상태였다. 이제 문준경 차례였다. 목포 가서 죽으라고 보냈더니 무슨 일인지 오히려 살아 돌아왔으니 이제는 선택의 여지가 없었다.

문준경은 마을의 한 젊은이와 그리고 몇몇 사람들과 함께 후증도 증동리 면사무소 앞 솔등으로 끌려갔다. 마을 사람들은 숨죽였다. 평생 그들을 위해 살았던 그들의 목자가 소란스럽게 끌려가는 와중에도 누구도 문밖을 내다보지 않았다. 함께 끌려가던 사람들이 있었다. 그런데 그 가운데 한 젊은 청년은 중간에 도망쳤다. 예수님께서 잡히시던 밤에 웃옷을 벗어던지고 도망쳤다던 그 젊은이의 모습이 겹쳐지는 상황이었다.

문준경과 일단의 사람들을 솔등으로 끌고 온 공산주의자들은 문준경에게 말했다. "너는 많은 기독교인 새끼를 깐 씨암탉과 같은 존재이니 너부터 죽어야겠다." 문준경이 말했다. "나 죽는 것은 상관없으나 여기 이 사람들은 살려 주시오. 지금 와서 이 사람들까지 죽일 이유는 없잖소." 공산주의자들은 끝까지 목회자이고자 했던 문준경을 죽창으로 죽였다. 문준경은 스러지는 순간까지 기도와 찬송을 멈추지 않았다. 섬마을의 전도자, 섬마을 사람들의 전도자 문준경은 그렇게 그 밤에 순교자가 되었다. 나머지 사람들 가운데 일부는 문준경의 부탁 때문인지 살아남은 것으로 보인다. 그래서 그들은 문준경의 마지막 순간을 마을 사람들에게 전했다.

문준경은 바닷바람이 솔솔부는 해변가 소나무 밭에서 순교했다. 지금 사람들은 이곳을 잘 조성하여 솔등공원으로 만들었다. 해변가 드라이브나 자전거 하이킹에 꽤 어울리는 곳이다. 이 도로를 지나다보면 한켠에 섬마을 목회자 문준경의 묘소가 있다.

죽는 순간까지 의연함을 갖는다는 것은 쉬운 일이 아니었다. 이그나티우스는 트라야누스 황제가 박해하던 시절 스스로 기독교인임을 밝히고 황제 앞에서 멋진 설명으로 스스로를 변론했다. 그리고 황제의 명령으로 로마에 압송되어 콜로세움에 섰다. 그는 그 자리에서 자신을 향해 달려오는 맹수들을 향해 이렇게 외쳤다. "어서 오라. 나를 물어뜯으라. 나로 내 피로 세례 받게 하라." 이그나티우스를 비롯한 순교의 선배들처럼 문준경의 죽음 역시 의연하고 위대한 것이었다. 그녀는 자신의 마지막을 이웃과 형제에 대한 사랑으로 그리고 예수 그리스도의 십자가 은혜로 가득 채웠다.

암태도의 착한 소녀, 등선의 눈물 많은 생각시, 목포의 절망감 가득한 아낙네는 복음의 능력 가운데 신실한 하나님의 사람으로 다시 태어났다. 하나님께서는 그를 복음을 위해 살아가는 하나님의 일꾼이 되도록 하셨다. 그는 복음으로 사역하는 가운데 아름답게 성장했다. 그는 복음이 주는 다양한 고난과 역경들 가운데에도 더욱 온전한 하나님의 일꾼이 되었다. 그는 섬마을 곳곳을 다니며 하나님나라와 예수 그리스도의 십자가 사랑을 전하는 가운데 하나님의 장성한 분량으로 성숙하여 자라갔다. 그는 자신에게 맡겨진 양들을 영적으로 먹이고 입힐 만큼 책임감 강한 영적 어버이가 되었다. 그리고 마지막 순간, 그는 앞서 가신 목자로서 예수님의 뜻대로 양들을 위하여 자신을 내어주는 참 목자의 마지막 길을 걸었다. 참으로 주저함 없는, 그리고 위대한 마지막이었다.

신실한 사역과 순교의 뜻을 기리는 이들의 행렬이 이어지다

사실 증도는 이판일의 임자도 만큼이나 대량의 학살 사건이 벌어지지는 않았다. 임자도는 한국 전쟁 내내 전체 인구수의 약 30 퍼센트에 해당하는 3,000여명이 좌우의 대립 속에서 죽임을 당했다. 그 가운데 이판일 장로와 그 동생 이판성 장로 그리고 그 가족 및 진리교회 성도 48명도 포함되어 있었다. 이들은 수요일 밤 예배를 드리던 중 체포되어 인근 소나무 숲으로 끌려 간 뒤 그 곳에서 학살당했다. 이런 식의 억울한 죽음은 임자도 내 곳곳에서 있었다. 임자도는 그렇게 한국 전쟁 초반 내내 피비린내 가득한 학살의 행진이 있었다. 그 학살의 행진을 멈춘 것은 이판일 장로의 아들 이인제 목사였다. 그는 국군과 함께 임자도에 들어가 임자진리교회 학살의 주범들을 색출하는 과정에서 아버지 이판일의 "예수님 사랑을 따라 그만 학살의 행진을 멈추라"는 말을 듣고 범인들을 잡아들이지 않았고 그렇게 해서 수개월 간 지속된 임자도의 학살은 끝을 맺게 되었다. 어쨌든 10월 4일 한 날에 임자도와 증도 양쪽에서는 순교의 숭고한 비명들이 있었다. 놀랍게도 그들은 죽음의 순간까지 하나님을 예배했으며 순교하는 순간까지도 하나님에 대한 신앙고백을 내려놓지 않았다. 한국 교회사에 매우 깊은 교훈과 감동을 제공하는 순교 사건이었다. 문준경과 이판일의 복음의 열정을 품은 순교는 이후 많은 신앙 후배들에게 귀감이 되고 있다.

두 사람의 위대한 사역과 순교 이후 한 동안 증도와 임자도는 고요했다. 아니 전쟁의 상처를 딛고 일어서느라 힘들었고 바빴다고 보는 것이 합당했다. 현실은 그랬다고 하나 문준경은 그래도 증도와 일대 섬사람들의 마음에 남아있었다. 문준경은 그들을 진리로, 평안으로 인도했던 어머니였고 스승이었으며 동반자였기 때문이다. 그러던 어느 시점, 섬사람들 특히 문준경을 통해 신앙의 길로 들어섰고 목회의 길로 나아간 사람들이 문준경의 삶과 사역, 그리고 순교를 기념하고 나누기 시작했다. 증도 출신 목회자만 200명이 넘는다. 신안 전체로 확대하면 수를 헤아릴 수 없다. 그들 모두가 문준경을

우전리의 한반도 지형 소나무 숲과 문준경의 묘소를 직선으로 연결하면 후증도의 산정봉에 다다른다. 그 산정봉 자락 아래에 문준경전도사 순교기념관이 있다. 한해에도 수만명이 다녀가는 이 기념관은 이 시대 참 신앙과 영성을 위한 훈련의 요람이다. 지금도 많은 순례객들이 이 곳에 들러 기도하며 이 기념관을 자신을 돌아보고 자기 갱신의 시발점으로 삼는다.

스승으로 여긴다. 직간접적으로 문준경의 삶과 사역에 영향을 받은 것이다.

그리고 2014년, 문준경의 이야기가 세상에 알려지기 시작했다. 섬마을 전도자 문준경의 봉사와 헌신 그리고 사랑어린 희생의 이야기가 세상에 회자되기 시작한 것이다. 그것은 좌와 우의 이야기나 혹은 동과 서의 이야기들로 갈린 우리 현대사의 굴곡 사이를 정확하게 가로 지르는 아름다운 이야기였다. 아니 하나로 아우르기에 충분한 이야기였다. 적어도 성경책을 들고 뱃전에서 찬송을 부르는 문준경을 기억하는 자리에서는 이데올로기와 빈부의 차이가 존재하지 않았다.

마침 기독교대한성결교회가 교단차원에서 지은 문준경전도사순교기념관은 섬을 방문하여 안식하고 새 힘을 얻고자 하는 많은 이들에게 성지가 되었다. 사람들은 갯벌과 노둣길을 체험하고 이제는 하나가 된 전증도와 후증도 그리고 우전도를 이어 다니는 곳곳에서 문준경의 헌신했던 삶을 만났다. 그리고 '이런 삶도 있었구나'했다. 저녁에 사람들은 기념관에서 함께 기도하고 예배하는 가운데 문준경의 삶에 대한 총체적인 그림을 그리게 되면서 아울러 자신의 삶을 돌아보고 자신의 삶의 흩어진 모자이크를 꿰맞추게 되었다. 그들은 그 밤 그렇게 관광객에서 순례자가 되곤 했다.

문준경이 있는 증도는 순례자들을 위한 섬이다. 그 섬을 걷고, 걸으며 사람들은 자기만의 인생에서 타인을 위한 인생으로, 땅을 보며 사는 인생에서 하늘을 앙망하며 사는 인생으로 바뀌게 된다. 문준경은 지금도 살아있다. 그리고 그 섬을 순례하는 이들에게 이렇게 말한다. "이보소, 젊은이, 내 말 좀 들어보소. 그대는 지금 무엇 땀시 그렇게 살고 있소. 나를 보시오. 내가 따르던 예수님을 보시오. 그리고 여기 이 섬에서 새로운 인생을 설계해 보소."

증도에서 우리에게

"문준경은 자신이 선택한 사역자의 길에 대해 헌신적이고 열정적이었다. 문준경의 헌신과 열정은 증도 일대 섬사람들 대부분을 그리스도인으로 변화시키기에 충분한 것이었다. 무엇보다 문준경은 그 헌신의 길을 신실하게 감당한 하나님의 사람이었다."